GRöLS Verlage

„Bücher sind wie Fallschirme. Sie nützen uns nichts, wenn wir sie nicht öffnen."

Gröls Verlag

Redaktionelle Hinweise und Impressum

Das vorliegende Werk wurde zugunsten der Authentizität sehr zurückhaltend bearbeitet. So wurden etwa ursprüngliche Rechtschreibfehler regelmäßig *nicht* behoben, denn kleine Unvollkommenheiten machen das Buch – wie im Übrigen den Menschen – erst authentisch. Mitunter wurden jedoch zum Beispiel Absätze behutsam neu getrennt, um den Lesefluss zu erleichtern.

Um die Texte zu rekonstruieren, werden antiquarische Bücher von Lesegeräten gescannt und dann durch eine Software lesbar gemacht. Der so entstandene Text wird von Menschen gegengelesen und korrigiert – hierbei treten auch Fehler auf. Wenn Sie ebenfalls antiquarische Texte einreichen möchten, finden Sie weitere Informationen auf www.groels.de

Viel Freude bei der Lektüre wünscht Ihnen das Team des Gröls-Verlags.

Adressen

Verleger: Hermann-Josef Gröls,

Im Borngrund 26, 61440 Oberursel

Externer Dienstleister für Distribution & Herstellung:

BoD, In de Tarpen 42, 22848 Norderstedt

Unsere „Edition | Werke der Weltliteratur“ hat den Anspruch, eine der größten und vollständigsten Sammlungen klassischer Literatur in deutscher Sprache zu werden. Nach und nach versammeln wir hier nicht nur die „üblichen Verdächtigen“ von Goethe bis Schiller, sondern auch Kleinode der vergangenen Jahrhunderte, die – zu Unrecht – drohen, in Vergessenheit zu geraten. Wir kultivieren und kuratieren damit einen der wertvollsten Bereiche der abendländischen Kultur. Kleine Auswahl:

Francis Bacon • Neues Organon • **Balzac** • Glanz und Elend der Kurtisanen • **Joachim H. Campe** • Robinson der Jüngere • **Dante Alighieri** • Die Göttliche Komödie • **Daniel Defoe** • Robinson Crusoe • **Charles Dickens** • Oliver Twist • **Denis Diderot** • Jacques der Fatalist • **Fjodor Dostojewski** • Schuld und Sühne • **Arthur Conan Doyle** • Der Hund von Baskerville • **Marie von Ebner-Eschenbach** • Das Gemeindekind • **Elisabeth von Österreich** • Das Poetische Tagebuch • **Friedrich Engels** • Die Lage der arbeitenden Klasse • **Ludwig Feuerbach** • Das Wesen des Christentums • **Johann G. Fichte** • Reden an die deutsche Nation • **Fitzgerald** • Zärtlich ist die Nacht • **Flaubert** • Madame Bovary • **Gorch Fock** • Seefahrt ist not! • **Theodor Fontane** • Effi Briest • **Robert Musil** • Über die Dummheit • **Edgar Wallace** • Der Frosch mit der Maske • **Jakob Wassermann** • Der Fall Maurizius • **Oscar Wilde** • Das Bildnis des Dorian Grey • **Émile Zola** • Germinal • **Stefan Zweig** • Schachnovelle • **Hugo von Hofmannsthal** • Der Tor und der Tod • **Anton Tschechow** • Ein Heiratsantrag • **Arthur Schnitzler** • Reigen • **Friedrich Schiller** • Kabale und Liebe • **Nicolo Machiavelli** • Der Fürst • **Gotthold E. Lessing** • Nathan der Weise • **Augustinus** • Die Bekenntnisse des heiligen Augustinus • **Marcus Aurelius** • Selbstbetrachtungen • **Charles Baudelaire** • Die Blumen des Bösen • **Harriett Stowe** • Onkel Toms Hütte • **Walter Benjamin** • Deutsche Menschen • **Hugo Bettauer** • Die Stadt ohne Juden • **Lewis Caroll** • *und viele mehr….*

Die zärtlichen Schwestern

Ein Lustspiel von drei Aufzügen

Christian Fürchtegott Gellert

Inhalt

Personen

Cleon
Der Magister, sein Bruder
Lottchen, Cleons älteste Tochter
Julchen, dessen jüngste Tochter
Siegmund, Lottchens Liebhaber
Damis, Julchens Liebhaber
Simon, Damis' Vormund

Erster Aufzug

Erster Auftritt

Cleon. Lottchen.

Lottchen. Lieber Papa, Herr Damis ist da. Der Tee ist schon in dem Garten, wenn Sie so gut sein und hinuntergehen wollen?

Cleon. Wo ist Herr Damis?

Lottchen. Er redt mit Julchen.

Cleon. Meine Tochter, ist dir's auch zuwider, daß ich den Herrn Damis auf eine Tasse Tee zu mir gebeten habe? Du merkst doch wohl seine Absicht. Geht dir's auch nahe? Du gutes Kind, du dauerst mich. Freilich bist du älter als deine Schwester und solltest also auch eher einen Mann kriegen. Aber...

Lottchen. Papa, warum bedauern Sie mich? Muß ich denn notwendig eher heiraten als Julchen? Es ist wahr, ich bin etliche Jahre älter; aber Julchen ist auch weit schöner als ich. Ein Mann, der so vernünftig, so reich und so galant ist als Herr Damis und doch ein armes Frauenzimmer heiratet, kann in seiner Wahl mit Recht auf diejenige sehen, die die meisten Annehmlichkeiten hat. Ich mache mir eine Ehre daraus, mich an dem günstigen Schicksale meiner Schwester aufrichtig zu vergnügen und mit dem meinigen zufrieden zu sein.

Cleon. Kind, wenn das alles dein Ernst ist: so verdienst du zehn Männer. Du redst fast so klug als mein Bruder und hast doch nicht studiert.

Lottchen. Loben Sie mich nicht, Papa. Ich bin mir in meinen Augen so geringe, daß ich sogar das Lob eines Vaters für eine Schmeichelei halten muß.

Cleon. Nun, nun, ich muß wissen, was an dir ist. Du hast ein Herz, dessen sich die Tugend selbst nicht schämen dürfte. Höre nur...

Lottchen. Oh, mein Gott, wie demütigen Sie mich! Ein Lobspruch, den ich mir wegen meiner Größe nicht zueignen kann, tut mir weher als ein verdienter Verweis.

Cleon. So bin ich nicht gesinnt. Ich halte viel auf ein billiges Lob, und ich weigere mich keinen Augenblick, es anzunehmen, wenn ich's verdiene. Das Lob ist ein Lohn der Tugend, und den verdienten Lohn muß man annehmen. Höre nur, du bist verständiger als deine Schwester, wenn jene gleich schöner ist. Rede ihr doch zu, daß sie ihren Eigensinn fahrenläßt und sich endlich zu einem festen Bündnisse mit dem Herrn Damis entschließt, ehe ich als Vater ein Machtwort rede. Ich weiß nicht, wer ihr den wunderlichen Gedanken von der Freiheit in den Kopf gesetzet hat.

Lottchen. Mich deucht, Herr Damis ist Julchen nicht zuwider. Und ich hoffe, daß er ihren kleinen Eigensinn leicht in eine beständige Liebe verwandeln kann. Ich will ihm dazu behülflich sein.

Cleon. Ja, tue es, meine Goldtochter. Sage Julchen, daß ich nicht ruhig sterben würde, wenn ich sie nicht bei meinem Leben versorgt wüßte.

Lottchen. Nein, lieber Papa, solche Bewegungsgründe zur Ehe sind wohl nicht viel besser als die Zwangsmittel. Julchen hat Ursachen genug in ihrem eigenen Herzen und in dem Werte ihres Geliebten, die sie zur Liebe bewegen können; diese will ich wider ihren Eigensinn erregen und sie durch sich selbst und durch ihren Liebhaber besiegt werden lassen.

Cleon. Gut, wie du denkst. Nur nicht gar zu lange nachgesonnen. Rühme den Herrn Damis. Sage Julchen, daß er funfzigtausend Taler bares Geld hätte und... Arme Tochter! es mag dir wohl weh tun, daß deine Schwester so reich heiratet. Je nun, du bist freilich nicht die Schönste; aber der Himmel wird dich schon versorgen. Betrübe dich nicht.

Lottchen. Der Himmel weiß, daß ich bloß deswegen betrübt bin, weil Sie mein Herz für so niedrig halten, daß es meiner Schwester ihr Glück nicht gönnen sollte. Dazu gehört ja gar keine Tugend, einer Person etwas zu gönnen, für welche das Blut in mir spricht. Kommen Sie, Papa, der Tee möchte kalt werden.

Cleon. Du brichst mit Fleiß ab, weil du dich fühlst. Sei gutes Muts, mein Kind. Ich kann dir freilich nichts mitgeben. Aber solange ich lebe, will ich alles an dich wagen. Nimm dir wieder einen Sprachmeister, einen Zeichenmeister, einen Klaviermeister und alles an. Ich bezahle, und wenn mich der Monat funfzig Taler käme. Du bist es wert. Und höre nur, dein Siegmund, dein guter Freund, oder wenn du es lieber hörst, dein Liebhaber, ist freilich durch den unglücklichen Prozeß seines seligen Vaters um sein Vermögen gekommen; aber er hat etwas gelernt und wird sein Glück und das deine gewiß machen.

Lottchen. Ach lieber Papa, Herr Siegmund ist mir itzt noch ebenso schätzbar als vor einem Jahre, da er viel Vermögen hatte. Ich weiß, daß Sie unsere Liebe billigen. Ich will für die Verdienste einer Frau sorgen, er wird schon auf die Ruhe derselben bedacht sein. Er hat so viel Vorzüge in meinen Augen, daß er sich keine Untreue von mir befürchten darf, und wenn ich auch noch zehn Jahre auf seine Hand warten sollte. Wollen Sie mir eine Bitte erlauben: so lassen Sie ihn heute mit uns speisen.

Cleon. Gutes Kind, du wirst doch denken, daß ich ihn zu deinem Vergnügen habe herbitten lassen. Er wird nicht lange sein.

(Siegmund tritt herein, ohne daß ihn Lottchen gewahr wird.)

Lottchen. Wenn ihn der Bediente nur auch angetroffen hat. Ich will selber ein paar Zeilen an ihn schreiben. Ich kann ihm und mir keine größere Freude machen. Er wird gewiß kommen und den größten Anteil an Julchens Glücke nehmen. Er hat das redlichste und zärtlichste Herz. Vergeben Sie mir's, daß ich so viel von ihm rede.

Cleon. Also hast du ihn recht herzlich lieb?

Lottchen. Ja, Papa, so lieb, daß, wenn ich die Wahl hätte, ob ich ihn mit einem geringen Auskommen oder den Vornehmsten mit allem Überflusse zum Manne haben wollte, ich ihn allemal wählen würde.

Cleon. Ist's möglich? Hätte ich doch nicht gedacht, daß du so verliebt wärest.

Lottchen. Zärtlich, wollen Sie sagen. Ich würde unruhig sein, wenn ich nicht so zärtlich liebte, denn dies ist es alles, wodurch ich die Zuneigung belohnen kann, die mir Herr Siegmund vor so vielen andern Frauenzimmern geschenkt hat. Bedenken Sie nur, ich bin nicht schön, nicht reich, ich habe sonst keine Vorzüge als meine Unschuld, und er liebt mich doch so vollkommen, als wenn ich die liebenswürdigste Person von der Welt wäre.

Cleon. Aber sagst du's ihm denn selbst, daß du ihn so ausnehmend liebst?

Lottchen. Nein, so deutlich habe ich es ihm nie gesagt. Er ist so bescheiden, daß er kein ordentliches Bekenntnis der Liebe von mir verlangt. Und ich habe tausendmal gewünscht, daß er mich nötigen möchte, ihm eine Liebe zu entdecken, die er so sehr verdienet.

Cleon. Du wirst diesen Wunsch bald erfüllt sehen. Siehe dich um, mein liebes Lottchen.

Zweiter Auftritt

Cleon. Lottchen. Siegmund.

Lottchen. Wie? Sie haben mich reden hören?

Siegmund. Vergeben Sie mir, mein liebes Lottchen. Ich habe in meinem Leben nichts Vorteilhafters für mich gehört. Ich bin vor Vergnügen ganz trunken, und ich weiß meine Verwegenheit mit nichts als mit meiner Liebe zu entschuldigen.

Lottchen. Eine bessere Fürsprecherin hätten Sie nicht finden können. Haben Sie alles gehört? Ich habe es nicht gewußt, daß Sie zugegen wären; um desto aufrichtiger ist mein Bekenntnis. Aber wenn ich ja auf den Antrieb meines Papas einen Fehler habe begehen sollen: so will ich ihn nunmehr für mich allein begehen: Ich liebe Sie. Sind Sie mit dieser Ausschweifung zufrieden?

Siegmund. Liebstes Lottchen, meine Bestürzung mag Ihnen ein Beweis von der Empfindung meines Herzens sein. Sie lieben mich? Sie sagen mir's in der Gegenwart Ihres Papas? Sie? mein Lottchen! Verdiene ich dies? Soll ich Ihnen antworten? und wie? O lassen Sie mich gehen und zu mir selber kommen.

Cleon. Sie sind ganz bestürzt, Herr Siegmund. Vielleicht tut Ihnen meine Gegenwart einigen Zwang an. Lebt wohl, meine Kinder, und sorgt für Julchen. Ich will mit dem Herrn Damis reden.

Dritter Auftritt

Lottchen. Siegmund.

Siegmund. Wird es Sie bald reuen, meine Geliebte, daß ich so viel zu meinem Vorteile gehört habe?

Lottchen. Sagen Sie mir erst, ob Sie so viel zu hören gewünscht haben.

Siegmund. Gewünscht habe ich's tausendmal; allein, verdiene ich so viele Zärtlichkeit?

Lottchen. Wenn mein Herz den Ausspruch tun darf: so verdienen Sie ihrer weit mehr.

Siegmund. Nein, ich verdiene Ihr Herz noch nicht; allein ich will mich zeitlebens bemühen, Sie zu überführen, daß Sie es keinem Unwürdigen geschenkt haben. Wie edel gesinnt ist Ihre Seele! Ich verlor als Ihr Liebhaber mein ganzes Vermögen, und mein Unglück hat mir nicht den geringsten Teil von Ihrer Liebe entzogen. Sie haben Ihre Gewogenheit gegen mich vermehrt und mir durch sie den Verlust meines Glücks erträglich gemacht, Diese standhafte Zärtlichkeit ist ein Ruhm für Sie, den nur ein erhabenes Herz zu schätzen weiß. Und ich würde des Hasses der ganzen Welt wert sein, wenn ich jemals aufhören könnte, Sie zu lieben.

Lottchen. Ich habe einen Fehler begangen, daß ich Sie so viel zu meinem Ruhme habe sagen lassen. Aber Ihr Beifall ist mir gar zu kostbar, als daß ihn meine Eigenliebe nicht mit Vergnügen anhören sollte. Sie können es seit zwei Jahren schon wissen, ob ich ein redliches Herz habe. Welche Zufriedenheit ist es für mich, daß ich ohne den geringsten Vorwurf in alle die vergnügten Tage und Stunden zurücksehen kann, die ich mit Ihnen, mit der Liebe und der Tugend zugebracht habe!

Siegmund. Also sind Sie vollkommen mit mir zufrieden, meine Schöne? O warum kann ich Sie nicht glücklich machen! Welche Wollust müßte es sein, ein Herz, wie das Ihrige ist, zu belohnen, da mir die bloße Vorstellung davon schon so viel Vergnügen gibt! Ach, liebstes Kind, Julchen wird glücklicher, weit glücklicher als Sie, und...

Lottchen. Sie beleidigen mich, wenn Sie mehr reden. Und Sie beleidigen mich auch schon, wenn Sie es denken. Julchen ist nicht glücklicher, als ich bin. Sie habe ihrem künftigen Bräutigam noch soviel zu danken: so bin ich Ihnen doch ebensoviel schuldig. Durch Ihren Umgang, durch Ihr Beispiel bin ich zärtlich, ruhig und mit der ganzen Welt zufrieden worden. Ist dieses kein Glück: so muß gar keins in der Welt sein. Aber, mein liebster Freund, wir wollen heute zu Julchens Glücke etwas beitragen. Sie liebt den Herrn Damis und weiß es nicht, daß sie ihn liebt. Ihr ganzes Bezeigen versichert mich, daß der prächtige Gedanke, den sie von der Freiheit mit sich herumträgt, nichts als eine Frucht der Liebe sei. Sie liebt; aber die verdrüßliche Gestalt, die sie sich vielleicht von der Ehe gemacht hat, umnebelt ihre Liebe. Wir wollen diese kleinen Nebel vertreiben.

Siegmund. Und wie? mein liebes Kind. Ich gehorche Ihnen ohne Ausnahme. Herr Damis verdient Julchen, und sie wird eine recht liebenswürdige Frau werden.

Lottchen. Hören Sie nur. Doch hier kömmt Herr Damis.

Vierter Auftritt

Die Vorigen. Damis.

Lottchen. Sie sehen sehr traurig aus, mein Herr Damis.

Damis. Ich habe Ursache dazu. Anstatt, daß ich glaubte, Julchen heute als meine Braut zu sehen: so merke ich, daß noch ganze Jahre zu diesem Glücke nötig sind. Je mehr ich ihr von der Liebe vorsage, desto unempfindlicher wird sie. Und je mehr sie sieht, daß meine Absichten ernstlich sind, desto mehr mißfallen sie ihr. Ich Unglücklicher! Wie gut wäre es für mich, wenn ich Julchen weniger liebte!

Lottchen. Lassen Sie sich ihre kleine Halsstarrigkeit lieb sein. Es ist nichts als Liebe. Eben weil sie fühlt, daß ihr Herz überwunden ist: so wendet sie noch die letzte Bemühung an, der Liebe den Sieg sauer zu machen. Wir brauchen nichts, als sie dahin zu bringen, daß sie sieht, was in ihrem Herzen vorgeht.

Damis. Wenn sie es aber nicht sehen will?

Lottchen. Wir müssen sie überraschen und sie, ohne daß sie es vermutet, dazu nötigen. Der heutige Tag ist ja nicht notwendig Ihr Brauttag. Glückt es uns heute nicht: so wird es ein andermal glücken. Es kömmt bloß darauf an, meine Herren, ob Sie sich meinen Vorschlag wollen gefallen lassen.

Siegmund. Wenn ich zu des Herrn Damis Glücke etwas beitragen kann, mit Freuden.

Damis. Ich weiß, daß Sie beide großmütig genug darzu sind. Und mir wird nichts in der Welt zu schwer sein, das ich nicht für Julchen wagen sollte.

Lottchen. Mein Herr Damis, verändern Sie die Sprache bei Julchen etwas. Fangen Sie nach und nach an, ihr in den Gedanken von der Freiheit recht zu geben. Diese Übereinstimmung wird ihr anfangs gefallen und sie sicher machen. Sie wird denken, als ob sie Ihnen deswegen erst gewogen würde, da sie es doch lange aus weit schönern Ursachen gewesen ist. Und in diesem Selbstbetruge wird sie Ihnen ihr ganzes Herz sehen lassen.

Damis. Wollte der Himmel, daß Ihr Rat seine Wirkung täte. Wie glücklich wollte ich mich schätzen!

Lottchen (zu Siegmunden). Und Sie müssen dem Herrn Damis zum Besten einen kleinen Betrug spielen und sich gegen Julchen zärtlich stellen. Dieses wird ihr Herz in Unordnung bringen. Sie wird böse auf Sie werden. Und mitten in dem Zorne wird die Liebe gegen den Herrn Damis hervorbrechen. Tun Sie es auf meine Verantwortung.

Siegmund. Diese Rolle wird mir sehr sauer werden.

Fünfter Auftritt

Die Vorigen. Julchen.

Julchen. Da sind Sie ja alle beisammen. Der Papa wollte gern wissen, wo Sie wären, und ich kann ihm nunmehro die Antwort sagen. (Sie will wieder gehn.)

Lottchen. Mein liebes Julchen, warum gehst du so geschwind? Weißt du eine bessere Gesellschaft als die unsrige?

Julchen. Ach nein, meine Schwester. Aber wo Ihr und Herr Siegmund seid, da wird gewiß von der Liebe gesprochen. Und ich finde heute keinen Beruf, einer solchen Versammlung beizuwohnen.

Lottchen. Warum rechnest du denn nur mich und Herr Siegmunden zu den Verliebten? Was hat dir denn Herr Damis getan, daß du ihm diese Ehre nicht auch erweisest?

Julchen. Herr Damis ist so gütig gewesen und hat mir versprochen, lange nicht wieder von der Liebe zu reden. Und er ist viel zu billig, als daß er mir sein Wort nicht halten sollte.

Damis. Ich habe es Ihnen versprochen, meine liebe Mamsell, und ich verspreche es Ihnen vor dieser Gesellschaft zum andern Male. Erlauben Sie mir, daß ich meine Zärtlichkeit in Hochachtung verwandeln darf. Die Liebe können Sie mir mit Recht verbieten; aber die Hochachtung kömmt nicht auf meinen Willen, sondern auf Ihre Verdienste an. Scheun Sie sich nicht mehr vor mir. Ich bin gar nicht mehr Ihr Liebhaber. Aber darf ich denn auch nicht Ihr guter Freund sein?

Julchen. Von Herzen gern. Dieses ist eben mein Wunsch, viele Freunde und keinen Liebhaber zu haben; mich an einem vertrauten Umgange zu vergnügen, aber mich nicht durch die Vertraulichkeit zu binden und zu fesseln. Wenn Sie mir nichts mehr von der Liebe sagen wollen: so will ich ganze Tage mit Ihnen umgehen.

Lottchen. Kommen Sie, Herr Siegmund. Bei diesen frostigen Leuten sind wir nichts nütze. Ob wir ihr kaltsinniges Gespräch von der Freundschaft hören oder nicht. Wir wollen zu dem Papa gehen.

Sechster Auftritt

Julchen. Damis.

Julchen. Ich bin meiner Schwester recht herzlich gut; aber ich würde es noch mehr sein, wenn sie weniger auf die Liebe hielte. Es kann sein, daß die Liebe viel Annehmlichkeiten hat; aber das traurige und eingeschränkte Wesen, das man dabei annimmt, verderbt ihren Wert, und wenn er noch so groß wäre. Ich habe ein lebendiges Beispiel an meiner Schwester. Sie war sonst viel munterer, viel ungezwungener.

Damis. Ich habe Ihnen versprochen, nicht von der Liebe zu reden, und ich halte mein Wort. Die Freundschaft scheint mir in der Tat besser.

Julchen. Ja. Die Freundschaft ist das frohe Vergnügen der Menschen und die Liebe das traurige. Man will einander recht genießen, darum liebt man; und man eilt doch nur, einander satt zu werden. Habe ich nicht recht, Herr Damis?

Damis. Ich werde die Liebe in Ihrer Gesellschaft gar nicht mehr erwähnen. Sie möchten mir sonst dabei einfallen. Und wie würde es alsdann um mein Versprechen stehen?

Julchen. Sie könnten es vielleicht für einen Eigensinn, oder ich weiß selbst nicht für was für ein Anzeichen halten, daß ich die Liebe so fliehe. Aber nein. Ich sage es Ihnen, es gehört zu meiner Ruhe, ohne Liebe zu sein. Lassen Sie mir doch diese Freiheit. Muß man denn diese traurige Plage fühlen? Nein, meine Schwester irrt: es geht an, sie nicht zu empfinden. Ich sehe es an mir. Aber warum schweigen Sie so stille? Ich rede ja fast ganz allein. Sie sind verdrießlich? O wie gut ist's, daß Sie nicht mehr mein Liebhaber sind! Sonst hätte ich Ursache, Ihnen zu Gefallen auch verdrießlich zu werden.

Damis. O nein, ich bin gar nicht verdrießlich.

Julchen. Und wenn Sie es auch wären, und zwar deswegen, weil ich nicht mehr von der Liebe reden will: so würde mir doch dieses gar nicht nahegehen. Es ist mir nicht lieb, daß ich Sie so verdrießlich sehe; aber als Ihre gute Freundin werde ich darüber gar nicht unruhig. O nein! Ich bin ja auch nicht jede Stunde zufrieden. Sie können ja etwas zu überlegen haben. Ich argwohne gar nichts. Ich mag es auch nicht wissen... Doch, mein Herr, Sie stellen einen sehr stummen Freund vor. Wenn bin ich Ihnen denn so gleichgültig geworden?

Damis. Nehmen Sie es nicht übel, meine schöne Freundin, daß ich einige Augenblicke ganz fühllos geschienen habe. Ich habe, um Ihren Befehl zu erfüllen, die letzten Bemühungen angewandt, die ängstlichen Regungen der Liebe völlig zu ersticken und den Charakter eines aufrichtigen Freundes anzunehmen. Die Vernunft hat nunmehr über mein Herz gesiegt. Die Liebe war mir sonst angenehm, weil ich sie Ihrem Werte zu danken hatte. Nunmehr scheint mir auch die Unempfindlichkeit schön und reizend zu sein, weil sie durch die Ihrige in mir erwecket worden ist. Verlassen Sie sich darauf, ich will mir alle Gewalt antun; aber vergeben Sie mir nur, wenn ich zuweilen wider meinen Willen in den vorigen Charakter verfalle. Ich liebe Sie nicht mehr; aber, ach, sollten Sie doch wissen, wie hoch ich Sie schätze, meine englische Freundin!

Julchen. Aber warum schlagen Sie denn die Augen nieder? Darf man in der Freundschaft einander auch nicht ansehen?

Damis. Es gehört zu meinem Siege. Wer kann Sie sehen und Sie doch nicht lieben?

Julchen. Sagten Sie mir nicht wieder, daß Sie mich liebten? O das ist traurig! Ich werde über Ihr Bezeigen recht unruhig. Einmal reden Sie so verliebt, daß man erschrickt, und das andere Mal so gleichgültig, als wenn Sie mich zum ersten Male sähen. Nein, schweifen Sie doch nicht aus. Sie widersprechen mir ja stets. Ist dies die Eigenschaft eines guten Freundes? Wir brauchen ja nicht zu lieben. Ist denn die Freiheit nicht so edel als die Liebe?

Damis. O es gehört weit mehr Stärke des Geistes zu der Freiheit als zu der Liebe.

Julchen. Das sage ich auch, warum halten Sie mir's denn für übel, daß ich die Freiheit hochschätze, daß ich statt eines Liebhabers lieber zehn Freunde, statt eines einfachen lieber ein mannigfaltiges Vergnügen haben will? Sind denn meine Gründe so schlecht, daß ich darüber Ihre Hochachtung verlieren sollte? Tun Sie den Ausspruch, ob ich bloß aus Eigensinn rede. (Damis sieht sie zärtlich an.) Aber warum sehen Sie mich so ängstlich an, als ob Sie mich bedauerten? Was wollen mir Ihre Augen durch diese Sprache sagen? Ich kann mich gar nicht mehr in Ihr Bezeigen finden. Sie scheinen mir das Amt eines Aufsehers und nicht eines Freundes über sich genommen zu haben. Warum geben Sie auf meine kleinste Miene Achtung und nicht auf meine Worte? Mein Herr, ich wollte, daß Sie nunmehr...

Damis. Daß Sie gingen, wollten Sie sagen. Auch diesen Befehl nehme ich an, so sauer er mir auch wird. Sie mögen mich nun noch so sehr hassen: so werde ich mich doch in Ihrer Gegenwart nie über mein Schicksal beklagen. Ich habe die Ehre, mich Ihnen zu empfehlen.

Julchen. Hassen? Wenn habe ich denn gesagt, daß ich Sie hasse? Ich verstehe diese Sprache. Weil Sie mich nicht lieben sollen, so wollen Sie mich hassen. Dies ist sehr großmütig. Das sind die Früchte der berühmten Zärtlichkeit. Ich werde aber nicht aus meiner Gelassenheit kommen, und wenn Sie auch mit dem kaltsinnigsten Stolze noch einmal zu mir sagen sollten: Ich habe die Ehre, mich Ihnen zu empfehlen. Das ist ja eine rechte Hofsprache.

Damis. Es ist die Sprache der Ehrerbietung. (Er geht ab.)

Siebenter Auftritt

Julchen allein.

Wie? Er geht? Aber warum bin ich so unruhig? Ich liebe ihn ja nicht. .. Nein, ich bin ihm nur gewogen. Es ist doch ein unerträglicher Stolz, daß er mich verläßt. Aber habe ich ihn etwan beleidiget? Er ist ja sonst so vernünftig und so großmütig... Nein, nein, er liebt mich nicht. Es muß Verstellung gewesen sein. Ich habe heute ein recht mürrisches Wesen. (Lottchen tritt unvermerkt herein.) Wenn ich nur meine Laute hier hätte, ich wollte...

Achter Auftritt

Julchen. Lottchen.

Lottchen. Ich will sie gleich holen, wenn du es haben willst. Aber, mein Kind, was hast du mit dir allein zu reden? Es ist ja sonst deine Art nicht, daß du mit der Einsamkeit sprichst?

Julchen. Wenn hätte ich denn mit mir allein geredet? Ich weiß nicht, daß ich heute allen so verdächtig vorkomme.

Lottchen. Aber woher wüßte ich's, daß du die Laute hättest haben wollen, wenn du nicht geredt hättest? Mich hast du nicht gesehen, liebes Kind, und also mußt du wohl mit dir selbst geredt haben. Ich dächte es wenigstens, oder bist du anderer Meinung?

Julchen. Ihr müßt euch alle beredt haben, mir zu widersprechen.

Lottchen. Wieso? Ich habe dir nicht widersprochen. Und wenn es Herr Damis getan hat, so kann ich nichts dafür. Warum ziehst du deine guten Freunde nicht besser? Er sagte mir im Vorbeigehen, du wärest recht böse geworden, weil er es etliche Mal versehen und wider sein Versprechen an die Liebe gedacht hätte.

Julchen. Schwester, ich glaube, Ihr kommt, um Rechenschaft von mir zu fordern. Ihr hört es ja, daß ich mich nicht zur Liebe zwingen lasse.

Lottchen. Recht, Julchen, wenn dir Herr Damis zuwider ist: so bitte ich dich selber, liebe ihn nicht.

Julchen. Was das für ein weiser Spruch ist! Wenn er dir zuwider ist.. . Muß man denn einander hassen, wenn man nicht lieben will? Ich habe ja noch nicht gefragt, ob dir dein Herr Siegmund zuwider ist.

Lottchen. Nein, du hast mich noch nicht gefragt. Aber wenn du mich fragen solltest, so würde ich dir antworten, daß ich ihn recht zärtlich, recht von

Herzen liebe und mich meiner Zärtlichkeit nicht einen Augenblick schäme. Es gehört weit mehr Hoheit des Gemüts dazu, die Liebe vernünftig zu fühlen, als die Freiheit zu behaupten.

Julchen. Ich möchte vor Verdruß vergehen. Herr Damis hat gleich vorhin das Gegenteil behauptet. Wem soll man nun glauben? Nehmt mir's nicht übel, meine Schwester, ich weiß, daß Ihr mehr Einsicht habt als ich; aber erlaubt mir, daß ich meinen Einfall dem Eurigen vorziehe. Und warum kann Herr Damis nicht so gut recht haben als Ihr? Ihr habt ja immer gesagt, daß er ein vernünftiger und artiger Mann wäre.

Lottchen. Das Beiwort artig hätte nicht eben notwendig zu unserer Streitfrage gehört; aber vielleicht gehört diese Vorstellung sonst in die Reihe deiner Empfindungen. Herr Damis ist ganz gewiß verständiger als ich; aber er ist auch ein Mensch wie ich; und der beste Verstand hat seine schwache Seite.

Julchen. Lottchen, also seid Ihr hiehergekommen, um mir zu demonstrieren, daß Herr Damis ein Mensch und kein Engel am Verstande ist? Das glaube ich. Aber, mein liebes Lottchen, Eure Spöttereien sind mir sehr erträglich. Ich könnte Euch leicht die Antwort zurückgeben, daß Euer Herr Siegmund auch unter die armen Sterblichen gehörte; aber ich will es nicht tun. Ihr würdet nur denken, daß ich aus Eigensinn den Herrn Damis verteidigen wollte. Nein, er soll nicht den größten Verstand haben; er soll nicht so galant, nicht so liebenswürdig sein als Euer Siegmund. So habe ich noch eine Ursache mehr, meine Freiheit zu behaupten und ihn nicht zu lieben.

Lottchen. Mein liebes Kind, du kömmst recht in die Hitze. Du schmälst auf mich und meinen Geliebten, und ich bleibe dir doch gut. Man kann dich nicht hassen. Du trägst dein gutes Herz in den Augen und auf der Zunge, ohne daß du daran denkst. Du bist meine liebe schöne Schwester. Deine kleinen Fehler sind fast ebenso gut als Schönheiten. Wenigstens kann man sie nicht begehen, wenn man nicht so aufrichtig ist, wie du bist. Kind, ich habe diese Nacht einen merkwürdigen Traum von einer jungen angenehmen Braut gehabt und ich...

Julchen. Ich bitte dich, liebe Schwester, laß mich allein. Ich bin verdrießlich, recht sehr verdrießlich, und ich werde es nur mehr, je mehr ich rede.

Lottchen. Bist du etwan darüber verdrießlich, daß ich in der Heftigkeit ein Wort wider den Herrn Damis...?

Julchen. O warum denkst du wieder an ihn? Willst du mich noch mehr zu Fehlern bringen? Laß ihm doch seinen schwachen Verstand und mir meinen verdrießlichen Geist und das Glück, einige Augenblicke allein zu sein. Die ältern Schwestern haben doch immer etwas an den jüngern auszusetzen.

Lottchen. Ich höre es wohl, ich soll gehen. Gut. Komm bald nach, sonst mußt du wieder mit dir allein reden.

Neunter Auftritt

Julchen. Der Magister.

Julchen. Ist es nicht möglich, daß ich allein sein kann? Müssen Sie mich notwendig stören? Herr Magister! Sagen Sie mir's nur kurz, was zu Ihren Diensten ist.

Der Magister. Jungfer Muhme, ich will etwas mit Ihnen überlegen. Vielleicht bin ich wegen meiner Jahre und meiner Erfahrung nicht ungeschickt dazu. Ich liebe Sie, und Sie wissen, was der Verstand für eine unentbehrliche Sache bei allen unsern Handlungen ist.

Julchen. Ja, das weiß ich. Demungeachtet wollte ich wünschen, daß ich heute gar keinen hätte; vielleicht wäre ich ruhiger.

Der Magister. Sie übereilen sich. Wer würde uns das Wahre von dem Falschen, das Scheingut von dem wahren Gute unterscheiden helfen? Wer würde unsern Willen zu festen und glücklichen Entschließungen bringen, wenn es nicht der

Verstand täte? Und würden Sie wohl so liebenswürdig geworden sein, wenn Sie nicht immer verständig gewesen wären?

Julchen. Herr Magister, Sie sind ja nicht auf Ihrer Studierstube. Was quälen Sie mich mit Ihrer Gelehrsamkeit? Ich mag ja nicht so weise sein als Sie. Ich kann es auch nicht sein, weil ich nicht so viel Geschicklichkeit besitze.

Der Magister. Zu eben der Zeit, da Sie wünschen, daß sie keine Vernunft haben möchten, beweisen Sie durch Ihre Bescheidenheit, daß Sie ihrer sehr viel haben. Ich fordere keine Gelehrsamkeit von Ihnen. Ich will sogar die meinige vergessen, indem ich mit Ihnen spreche. Sie sollen heute den Schritt zu Ihrem Glücke tun. Es scheint aber nicht, daß Sie dazu entschlossen sind. Gleichwohl wünscht es Ihr Herr Vater herzlich. Ich habe ihm versprochen, Ihnen einige kleine Vorstellungen zu tun. Und ich wünschte, daß Sie solche anhören und mir Einwürfe dagegen machen möchten. Dies kann ich, so alt ich bin, doch wohl leiden. Die Liebe ist eine der schönsten, aber auch der gefährlichsten Leidenschaften. Sie rächt sich an uns, wenn wir sie verschmähen; und sie rächt sich auch, wenn wir uns in unserm Gehorsame übereilen.

Julchen. Sie sind etwas weitläuftig in Ihren Vorstellungen. Allein, Sie sollen ohne Einwurf recht haben. Lassen Sie mich nur in Ruhe. Mein Verstand ist freilich nicht so stark an Gründen als eine Philosophie. Dennoch ist er noch immer stark genug für mein Herz gewesen.

Der Magister. Wissen Sie nicht, daß uns unsere Leidenschaften am ersten besiegen, wenn sie am ruhigsten zu sein scheinen? Das Herz der Menschen ist der größte Betrüger. Und der Klügste weiß oft selbst nicht, was in ihm vorgeht. Wir lieben und werden es zuweilen nicht eher gewahr, als bis wir nicht mehr geliebt werden. Dieses alles sollen Sie nicht glauben, weil ich's sage. Nein, weil es die größten Kenner des menschlichen Herzens, ein Sokrates, ein Plato, ein Seneca und viele von den neuern Philosophen gesagt haben.

Julchen. Ich kenne alle diese Männer nicht und verlange sie auch nicht zu kennen. Aber wenn sie so weise gewesen sind, wie Sie behaupten, so werden sie wohl auch gesagt haben, daß man ein unruhiges Herz durch viele

Vorstellungen nicht noch unruhiger machen soll. Und ich traue dem Plato und Seneca, und wie sie alle heißen, so viel Einsicht und Höflichkeit zu, daß sie Sie bitten würden, mich zu verlassen, wenn sie zugegen wären. Sobald ich die Leidenschaften und insonderheit die Liebe nicht mehr regieren kann: so will ich Ihre Philosophie um Beistand ansprechen.

Der Magister. Ihre Aufrichtigkeit gefällt mir, ob sie mir gleich zu widersprechen scheint. Aber ich würde mich für sehr unphilosophisch halten, wenn ich den Widerspruch nicht gelassen anhören könnte. Sie sollen mich nicht beleidiget haben. Nein! Aber Sie sagen, Sie sind unruhig. Sollte es itzt nicht Zeit sein, diese Unruhe durch Überlegung zu dämpfen? Was verursacht Ihre Unruhe? Ist's der Affekt der Liebe oder des Abscheus? Der Furcht oder des Verlangens? Ich wollte wünschen, daß Sie ein anschauendes Erkenntnis davon hätten. Wenn man die Ursache eines moralischen Übels weiß: so weiß man auch das moralische Gegenmittel. Ich meine es gut mit Ihnen. Ich rede begreiflich, und ich wollte, daß ich noch deutlicher reden könnte.

Julchen. Ich setze nicht das geringste Mißtrauen weder in Ihre Aufrichtigkeit noch in Ihre Gelehrsamkeit. Aber ich bin verdrießlich. Ich weiß nicht, was mir fehlt, und mag es auch zu meiner Ruhe nicht wissen. Verlassen Sie mich. Sie sind mir viel zu scharfsinnig.

Der Magister. Warum loben Sie mich? Wenn Sie so viele Jahre der Wahrheit nachgedacht hätten als ich: so würden Sie vielleicht ebenso helle denken. Unterdrücken Sie Ihre Unruhe und überlegen Sie das Glück, das sich Ihnen heute auf Ihr ganzes Leben anbietet. Herr Damis verlangt Ihr Herz und scheint es auch zu verdienen. Was sagt Ihr Verstand dazu? Auf die Wahl in der Liebe kömmt das ganze Glück der Ehe an; und kein Irrtum bestraft uns so sehr als der, den wir in der Liebe begehn. Allein wenn kann man sich leichter irren als bei dieser Gelegenheit?

Julchen. Ich glaube, daß dieser Unterricht recht gut ist. Aber was wird er mir nützen, da ich nicht lieben will?

Der Magister. Sie reden sehr hitzig. Dennoch werde ich nicht aus meiner Gelassenheit kommen. Sie wollen nicht lieben, nicht heiraten? Aber wissen Sie denn auch, daß Sie dazu verbunden sind? Soll ich Ihnen den Beweis aus meinem Rechte der Natur vorlegen? Sie wollen doch, daß das menschliche Geschlecht erhalten werden soll? Dieses ist ein Zweck, den uns die Natur lehrt. Das Mittel dazu ist die Liebe. Wer den Zweck will, der muß auch das Mittel wollen, wenn er anders verständig ist. Sehn Sie denn nicht, daß Sie zur Ehe verbunden sind? Sagen Sie mir nur, ob Sie die Kraft dieser Gründe nicht fühlen?

Julchen. Ich fühle sie in der Tat nicht. Und wenn die Liebe nichts ist als eine Pflicht: so wundert mich's, wie sie so viele Herzen an sich ziehen kann. Ich will ungelehrt lieben. Ich will warten, bis mich die Liebe durch ihren Reiz bezaubern wird.

Der Magister. Jungfer Muhme, das heißt halsstarrig sein, wenn man die Augen vor den klärsten Beweisen zuschließt. Wenn Sie erkennen, daß Sie zur Ehe verbunden sind, wie könnte denn Ihr Wille undeterminiert bleiben? Ist denn der Beifall im Verstande und der Entschluß im Willen nicht eine und ebendieselbe Handlung unserer Seele? Warum wollen Sie sich denn nicht zur Heirat mit dem Herrn Damis entschließen, da Sie sehen, daß Sie eine Pflicht dazu haben?

Julchen. Nehmen Sie mir's nicht übel, Herr Magister, daß ich Sie verlasse, ohne von Ihrer Sittenlehre überzeugt zu sein. Was kann ich armes Mädchen dafür, daß ich nicht so viel Einsicht habe als Plato, Seneca und Ihre andern weisen Männer? Machen Sie es mit diesen Leuten aus, warum ich keine Lust zur Heirat habe, da ich doch durch ihren Beweis dazu verbunden bin. Ich habe noch etliche Anstalten in der Küche zu machen.

Zehnter Auftritt

Der Magister. Cleon.

Der Magister. Ich habe deiner Tochter Julchen alle mögliche Vorstellungen getan. Ich habe mit der größten Selbstverleugnung mit ihr gesprochen. Ich habe ihr die stärksten Beweise angeführt; aber...

Cleon. O hättest du ihr lieber ein paar Exempel von glücklich verheirateten Mädchen angeführt.

Der Magister. Sie widersprach mir mehr als einmal; aber ich kam nicht aus meiner Gelassenheit. Ich erwies ihr, daß sie verbunden wäre zu heiraten.

Cleon. Du hast dir viel Mühe geben. Ich denke, wenn ein Mädchen achtzehn Jahre alt ist: so wird sie nicht viel wider diesen Beweis einwenden können.

Der Magister. Julchen sah alles ein. Ich machte es ihr sehr deutlich. Denn wenn man mit Ungelehrten zu tun hat, die nicht abstrakt denken können: so muß man sich herunterlassen und das Ingenium zuweilen zu Hülfe nehmen.

Cleon. Aber wie weit hast du Julchen durch deine Gründe gebracht? Will sie den Herrn Damis heiraten? Hat sie denn ihre Herzensmeinung nicht verraten? Ich kann ja den rechtschaffenen Mann nicht länger aufhalten. Er meint es so redlich und hat so viele Verdienste.

Der Magister. Sie sagte, sie wäre unruhig. Und das war eben schlimm. Denn die Gründe der Philosophie fordern ein ruhiges Herz, wenn sie die Überzeugung wirken sollen. Wenn der Verstand durch die Triebe des Willens bestürmt wird: so ist er nicht aufmerksam. Und ohne Aufmerksamkeit sind die schärfsten Beweise nichts als stumpfe Pfeile.

Cleon. Rede nicht so tiefsinnig. Du hättest sie eben sollen ruhig machen: so sähe ich den Nutzen von deiner Geschicklichkeit.

Der Magister. Ich versuchte alles. Ich zeigte ihr die schöne Seite der Liebe. Ich sagte ihr erstlich, daß eine glückliche Ehe das größte Vergnügen wäre.

Cleon. Ja, die glücklichen Ehen sind etwas sehr Schönes. Aber du hättest ihr sagen sollen, daß ihre Ehe wahrscheinlicherweise sehr glücklich werden würde. Das ist meine Absicht gewesen, warum ich dich zu ihr geschickt habe.

Der Magister. Kurz und gut, durch Lehrsätze und Erweise ist sie nicht zu gewinnen, das sehe ich wohl. Sie versteht wohl die einzelnen Sätze; aber wenn sie sie in Gedanken zusammen verbinden und dem Schlusse das Leben geben soll: so weichet ihr Verstand zurück, und sie wird ungehalten, daß er sie verläßt.

Cleon. Also kannst du mir weiter nicht helfen und sie nicht überreden?

Der Magister. Es gibt noch gewisse witzige Beweise zur Überredung, die man Beweise kat' anJrwpon nennen könnte. Dergleichen sind bei den alten Rednern die Fabeln und Allegorien oder Parabeln. Bei Leuten, die nicht scharf denken können, tun diese witzigen Blendwerke oft gute Dienste. Ich will sehen, ob ich durch mein Ingenium das ausrichten kann, was sie meinem Verstande versagt hat. Vielleicht macht ihr eine Fabel mehr Lust zur Heirat als eine Demonstration. Ich will eine machen und sie ihr vorlesen und tun, als ob ich sie in dem Fabelbuche eines jungen Menschen in Leipzig gefunden hätte, der sich durch seine Fabeln und Erzählungen bei der Schuljugend so beliebt gemacht hat.

Cleon. Ach ja, das tue doch, damit wir alles versuchen. Wenn die Fabel hübsch ist: so kannst du sie gleich auf meiner Tochter Hochzeit der Welt mitteilen. Mache nur nicht gar zu lange darüber. Eine Fabel ist ja keine Predigt. Es muß ja nicht alles so akkurat sein. Meine Tochter wird dich nicht verraten. Mache, daß sie ja spricht: so will ich dir ohne Fabel, aber recht aufrichtig danken.

(Der Magister geht ab.)

Elfter Auftritt

Cleon. Lottchen.

Lottchen. Papa, der Herr Vormund des Herrn Damis hat durch seinen Bedienten dieses Zettelchen an Sie geschickt.

Cleon (er liest). "Weil Sie es verlangen: so werde ich die Ehre haben, gegen die Kaffeezeit zu Ihnen zu kommen. Ich lasse mir die Wahl des Herrn Damis, meines Mündels, sehr wohl gefallen. Er hätte nicht glücklicher wählen können. Kurz, ich will mich diesen Nachmittag mit Ihnen und Ihren Jungfern Töchtern recht vergnügen, weil ich ohnedies heute eine angenehme Nachricht vom Hofe erhalten habe. Zugleich muß ich Ihnen melden, daß heute oder morgen das Testament Ihrer seligen Frau Muhme, der Frau Stephan, geöffnet werden soll. Ich glaube gewiß, daß sie Ihnen etwas vermacht hat. Vielleicht kann ich Ihnen die Gewißheit davon um vier Uhr mitbringen. Ich bin" usw.

Das geht ja recht gut, meine liebe Tochter. Ich dachte immer, der Herr Vormund würde seine Einwilligung nicht zur Heirat geben, weil meine Tochter kein Vermögen hat.

Lottchen. Das habe ich gar nicht befürchtet. Der Herr Vormund ist ja die Leutseligkeit und Menschenliebe selbst und macht sich gewiß eine Freude daraus, zu dem Glücke eines Frauenzimmers etwas beizutragen, der man keinen größern Vorwurf machen kann, als daß sie nicht reich ist.

Cleon. Tochter, du hast sehr recht. Es ist ein lieber Mann. Ich habe nur gedacht, daß er einen gewissen Fehler haben müßte, weil er schon nahe an vierzig ist und noch kein Amt hat. Aber was hilft uns das alles, wenn Julchen den Herrn Damis nicht haben will?

Lottchen. Machen Sie sich keine Sorge, lieber Papa. Julchen ist so gut als besiegt. Und ich denke, es könnte ihr kein größer Unglück widerfahren, als wenn man ihr ihren Schatz, die sogenannte Freiheit, ungeraubt ließe. Ich habe die sichersten Merkmale, daß sie den Herrn Damis liebt.

Cleon. Sollte es möglich sein? Ich dürfte es bald selbst glauben. Ihr losen Mädchen tut immer, als wenn euch nichts an den Männern läge, und heimlich habt ihr doch eine herzliche Freude an ihnen. Je nun, die Liebe ist auch nötig in der Welt, sonst hätte sie uns der Himmel nicht gegeben.

Lottchen. Papa, diese Satire auf die losen Mädchen trifft mich nicht. Ich dächte, ich machte kein Geheimnis aus meiner Liebe. Wenigstens halte ich die vernünftige Liebe für kein größer Verbrechen als die vernünftige Freundschaft. Unser Leben ist vielleicht deswegen mit so vielen Beschwerlichkeiten belegt, daß wir es uns desto mehr durch die Liebe sollen leicht und angenehm zu machen suchen.

Cleon. Mein Kind, wenn mir die Frau Muhme Stephan etwas vermacht haben sollte: so sähe ich's sehr gerne, wenn ich euch, meine Töchter, auf einen Tag versprechen und euch in kurzem auf einen Tag die Hochzeit ausrichten könnte. Ich wollte gern das ganze Vermächtnis dazu hergeben.

Lottchen. Sie sind ein liebreicher Vater. Nein, wenn Sie auch durch das Testament etwas bekommen sollten: so würde es doch ungerecht sein, wenn wir Sie durch unsre Heiraten gleich um alles brächten. Nein, lieber Papa, ich kann noch lange warten. Und mein Geliebter wird sich ohnedies nicht zur Ehe entschließen, bis er nicht eine hinlängliche Versorgung hat.

Cleon. Tue dein möglichstes, daß Julchen heute noch ja spricht. Die Mädchen müssen wohl ein wenig spröde tun; aber sie müssen es den Junggesellen auch nicht so gar sauer machen.

Lottchen. Papa, unsere selige Mama sagte nicht so.

Cleon. Loses Kind, ein Vater darf ja wohl ein Wort reden. Ich bin ja auch jung gewesen, und meine Jugend reut mich gar nicht. Ich und deine selige Mutter haben uns ein Jahr vor der Ehe und sechzehn Jahre in der Ehe wie die Kinder vertragen. Sie hat mir tausend vergnügte Stunden gemacht, und ich will's ihr noch in der Ewigkeit danken. Sie hat auch euch, meine Kinder, ohne Ruhm zu melden, recht gut gezogen. Ich weine vielmal, wenn ich des Abends nach der

Betstunde von euch gehe und eure Andacht, insonderheit die deinige, sehe. Es wird dir gewiß wohlgehen. Verlasse dich darauf. Du tust mir viel Gutes. Du führst meine ganze Haushaltung. Sei zufrieden mit deinem Schicksale. Ich lasse dir nach meinem Tode einen ehrlichen Namen und eine gute Auferziehung. Laß mich ja zu meiner seligen Frau ins Grab legen. Ich will schlafen, wo sie schläft.

Lottchen. Ach, Papa, warum machen Sie mich weichmütig? Sie werden, wenn es nach meinem Wunsche geht, noch lange leben und erfahren, daß ich meinen Ruhm in der Pflicht, Ihnen zu dienen, suche. Und wenn ich Sie hundert Jahre versorge: so habe ich nichts mehr getan, als was mir meine Schuldigkeit befiehlt. Heute müssen Sie vergnügt sein. Doch vielleicht ist die traurige Empfindung, die in Ihnen entstanden ist, die angenehmste, die nur ein rechtschaffener Vater fühlen kann. Aber, lieber Papa, es ist kein Wein mehr im Keller als das gute Faß, das Sie in meinem Geburtsjahre eingelegt haben. Was werden wir heute unsern Gästen für Wein vorsetzen?

Cleon. Tochter, zapfe das Faß an. Und wenn es Nektar wäre: so ist er für den heutigen Tag nicht zu gut. Es wird bald Mittagszeit sein. Ich will immer gehen und die Forellen aus dem Fischhälter langen. Wenn ich Julchen sehe: so will ich dir sie wohl wieder herschicken, wenn du noch einmal mit ihr reden willst.

Lottchen. Recht gut, Papa, ich will noch einige Augenblicke hier warten.

Zwölfter Auftritt

Lottchen. Siegmund.

Siegmund. Ich habe schon einen Augenblick mit Julchen gesprochen. Sie ist ungehalten auf den Herrn Damis, aber ihre ganze Anklage scheint mir nichts als eine Liebeserklärung in einer fremden Sprache zu sein. Ich hätte nicht gedacht, daß sie so zärtlich wäre. Die Liebe und Freundschaft reden zugleich aus ihren Augen und aus ihrem Munde, je mehr sie nach ihrer Meinung die erste verbergen will.

Lottchen. Ei, ei, mein lieber Herr Siegmund! Ich könnte bald einige Minuten eifersüchtig werden. Nicht wahr, meine Schwester ist reizender als ich? Aber dennoch lieben Sie mich.

Siegmund. Wer kann Sie einmal lieben und nicht beständig lieben? Ihre Jungfer Schwester hat viele Verdienste; aber Sie haben ihrer weit mehr. Sie kennen mein Herz. Dieses muß Ihnen für meine Treue der sicherste Bürge sein.

Lottchen. Ja, ich kenne es und bin stolz darauf. Ach, mein liebster Freund, ich muß Ihnen sagen, daß uns vielleicht ein kleines Glück bevorsteht. Wollte doch der Himmel, daß es zu Ihrer Beruhigung etwas beitragen könnte! Der Herr Vormund des Herrn Damis hat dem Papa in einem Billette gemeldet, daß heute das Testament der Frau Muhme Stephan geöffnet werden würde und daß er glaubte, sie würde den Papa darinne bedacht haben. O wenn es doch die Vorsicht wollte, daß ich so glücklich würde, Ihre Umstände zu verbessern!

Siegmund. Machen Sie mich nicht unruhig. Sie lieben mich mehr, als ich verdiene. Gedulden Sie sich, es wird noch alles gut werden und...

Lottchen. Sie sind unruhig? Was fehlt Ihnen? Sagen Sie mir's. Mein Leben ist mir nicht lieber als Ihre Ruhe.

Siegmund. Ach, mein schönes Kind, es fehlt mir nichts, nichts als das Glück, Sie ewig zu besitzen. Ich bin etwas zerstreut. Ich habe diese Nacht nicht wohl geschlafen.

Lottchen. O kommen Sie und werden Sie mir zuliebe munter. Wir wollen erst zu Julchen auf ihre Stube und dann gleich zur Mahlzeit gehn.

(Ende des ersten Aufzugs.)

Zweiter Aufzug

Erster Auftritt

Cleon. Julchen.

Cleon. Du wirst doch wissen, ob du ihm gut bist?

Julchen. Lieber Papa, woher soll ich's denn wissen? Ich will Ihnen gerne gehorchen; aber lassen Sie mir nur meine Freiheit.

Cleon. "Ich will Ihnen gerne gehorchen; aber lassen Sie mir nur meine Freiheit." Kleiner Affe, was redst du denn? Wenn ich dir deine Freiheit lassen soll: so brauchst du mir ja nicht zu gehorchen. Ich will dich gar nicht zwingen. Ich bin dir viel zu gut. Nein, sage mir nur, ob er dir gefällt.

Julchen. Ob mir Herr Damis gefällt? Vielleicht, Papa. Ich weiß es nicht gewiß.

Cleon. Tochter, schäme dich nicht, mit deinem Vater aufrichtig zu reden. Du bist ja erwachsen, und die Liebe ist ja nichts Verbotenes. Gefällt dir seine Person, seine Bildung?

Julchen. Sie mißfällt mir nicht. Vielleicht... gefällt sie mir gar.

Cleon. Mädchen, was willst du mit deinem "Vielleicht"? Wir reden ja nicht von verborgenen Sachen: du darfst ja nur dein Herz fragen.

Julchen. Aber wenn nun mein Herz so untreu ist und mir nicht aufrichtig antwortet?

Cleon. Rede nicht so poetisch. Dein Herz bist du, und du wirst doch wissen, was in dir vorgeht. Wenn du einen jungen, wohlgebildeten, geschickten, vernünftigen und reichen Menschen siehst, der dich zur Frau haben will: so wirst du doch leicht von dir erfahren können, ob du ihn zum Manne haben möchtest.

Julchen. Zum Manne?... Ach, Papa! lassen Sie mir Zeit. Ich bin heute unruhig, und in der Unruhe könnte ich mich übereilen. Ich glaube in der Tat nicht, daß ich ihn liebe, sonst würde ich munter und zufrieden sein. Wer weiß auch, ob ich ihm gefalle?

Cleon. Wenn du darüber unruhig bist: so hat es gute Wege. Bist du nicht ein albernes Kind! Wenn du ihm nicht gefielst: so würde er sich nicht so viel Mühe um dich geben. Er kennt dich vielleicht besser, als du dich selbst kennst. Stelle dir einmal vor, ob ich deine selige Mutter, da sie noch Jungfer war, zur Ehe begehret haben würde, wenn sie mir nicht gefallen hätte. Indem er zu dir sagt: "Jungfer Julchen", oder wie er dich nennt... Du kannst mir's ja sagen, wie er dich heißt.

Julchen. Er heißt mich Mamsell.

Cleon. Kind, du betrügst mich. Er spräche schlechtweg "Mamsell"? Das kann nicht sein.

Julchen. Zuweilen spricht er auch "liebe Mamsell".

Cleon. Tochter, du verstellst dich. Ich bin ja dein Vater. Im Ernste, wie heißt er dich, wenn er's recht gut meint?

Julchen. Ich kann mich selbst nicht besinnen. Er spricht... er spricht... "mein Julchen"...

Cleon. Warum sprichst du das Wort so kläglich aus? Seufzest du über deinen Namen? Dein Name ist schön. Also spricht er zu dir: "Mein Julchen"? Gut, hat er dich nie anders geheißen?

Julchen. Ach ja, lieber Papa. Er heißt mich auch zuweilen: "Mein schönes Julchen." Warum fragen Sie mich denn so aus?

Cleon. Laß mir doch meine Freude, du kleiner Narr. Ein rechtschaffener Vater hat seine Töchter lieb, wenn sie wohlgezogen sind. Ich bin ja stets freundlich mit euch umgegangen. Aber daß ich wieder auf das Hauptwerk komme. Ja, indem Herr Damis z. E. zu dir spricht: "Mein schönes Julchen, ich habe dich..."

Julchen. Oh! Er heißt mich Sie. Er würde nicht du sprechen. Das wäre sehr vertraut, oder doch wenigstens unhöflich.

Cleon. Nun, nun, wenn er dich auch einmal du hieße, deswegen verlörst du nichts von deiner Ehre. Hat mich doch meine selige Frau als Braut mehr als einmal du geheißen, und es klang mir immer schön. Indem er also zu dir spricht: "Mein schönes Julchen, ich bin Ihnen gut": so sagt er auch zugleich, "Sie gefallen mir"; denn sonst würde er das erste nicht sagen.

Julchen. Das sagt er niemals zu mir.

Cleon. Du machst mich böse. Ich habe es ja mehr als einmal selber gehört.

Julchen. Daß er zu mir gesagt hätte: "Ich bin Ihnen gut"?

Cleon. Jawohl!

Julchen. Mit Ihrer Erlaubnis, Papa, das hat Herr Damis in seinem Leben nicht zu mir gesagt. "Ich liebe Sie von Herzen", das spricht er wohl; aber niemals, "ich bin Ihnen gut".

Cleon. Bist du nicht ein zänkisches Mädchen! Wir streiten ja nicht um die Worte.

Julchen. Aber das klinget doch allemal besser: "Ich liebe Sie von Herzen", als das andere.

Cleon. Das mag sein. Ich habe das letzte immer zu meiner lieben Frau gesagt, und es gefiel ihr ganz wohl. Daß die Welt die Sprache immer ändert, dafür kann ich nicht. Ihr Mädchen gebt heutzutage auf ein Wort Achtung wie ein Rechenmeister auf eine Ziffer. Es gefällt dir also, wenn er so zu dir spricht? Gut, meine Tochter, so nimm ihn doch. Was wegerst du dich denn? Ich gehe nach der Grube zu. Worauf willst du denn warten? Kind, ich sage dir's, es dürfte sich keine Gräfin deines Bräutigams schämen. Herr Damis möchte heute gerne die völlige Gewißheit haben, ob er...

Julchen. Papa!

Cleon. Nun, was willst du? Nur nicht so verzagt. Ich bin ja dein Vater. Ich gehe ja mit dir wie mit einer Schwester um.

Julchen. Papa, darf ich etwas bitten?

Cleon. Herzlich gern. Du bist mir so lieb als Lottchen, wenn jene gleich etwas gelehrter ist. Bitte, was willst du?

Julchen. Ich? Ich bin sehr unentschlossen, sehr verdrießlich.

Cleon. Das ist ja keine Bitte. Rede offenherzig.

Julchen. Ich wollte bitten, daß Sie... mir meine Freiheit ließen.

Cleon. Mit deiner ewigen Freiheit! Ich dachte, du wolltest schon um das Brautkleid bitten. Ich lasse dir ja deine Freiheit. Du sollst ja aus freiem Willen lieben, gar nicht gezwungen. Bedenke dich noch eine Stunde. Überlege es hier allein. Ich will dich nicht länger stören. Ich will für dich beten. Das will ich tun.

Zweiter Auftritt

Julchen. Damis.

Damis. Darf ich mit Ihnen reden, mein schönes Kind?

Julchen. Es ist gut, daß Sie kommen. Die Gesundheit, die Sie mir über Tische von der Liebe zubrachten, hat mich recht gekränkt. Meine Schwester lachte darüber; aber das kann ich nicht. Sie hat heute überhaupt eine widerwärtige Gemütsart, die sich sogar bis auf Sie, mein Herr, erstreckt.

Damis. Bis auf mich? Darf ich weiterfragen?

Julchen. Ich sagte ihr, daß Sie meiner Meinung wären und behauptet hätten, daß mehr Hoheit der Seele zur Freiheit als zur Liebe gehörte. Darüber spottete sie und sagte dreist, Sie hätten unrecht, wo sie nicht gar noch mehr sagte. Aber lassen Sie sich nichts gegen sie merken; sie möchte sonst denken, ich wollte eine Feindschaft anrichten.

Damis. Lottchen wird es nicht so böse gemeint haben. Sie ist ja die Gutheit und Unschuld selbst.

Julchen. Das konnte ich mir einbilden, daß Sie mir widersprechen würden. Und ich will es Ihnen nur gestehen, daß ich's zu dem Ende gesagt habe. Freilich hat meine Schwester mehr Gutheit als ich. Sie redt von der Liebe, und so gütig bin ich nicht.

Damis. Vergeben Sie es ihr, wenn sie auch etwas von mir gesagt hat. Ich bin ja nicht ohne Fehler. Und vielleicht würde ich Ihnen mehr gefallen, wenn ich ihrer weniger hätte.

Julchen. Wozu soll diese Erniedrigung? Wollen Sie mich mit dem Worte Fehler demütigen?

Damis. Ach, liebstes Kind, werden Sie es denn niemals glauben, wie gut ich mit Ihnen meine?

Julchen. Daran zweifele ich gar nicht. Sie sind ja meiner Schwester gewogen; und also wird es Ihnen nicht sauer ankommen, mir Ihre Gewogenheit in ebendem Grade zu schenken.

Damis. Ja, ich versichere Sie, daß ich Lottchen allen Schönen vorziehen würde, wenn ich Julchen nicht kennte.

Julchen. Ich sehe, die Gefahr, mich hochmütig zu machen, ist zu wenig, Sie von einer Schmeichelei abzuschrecken.

Damis. Meine liebe Freundin, ich verliere meine Wohlfahrt, wenn dieses eine Schmeichelei war. Warum halten Sie mich nicht für aufrichtig?

Julchen (zerstreut). Ich... ich habe die beste Meinung von Ihnen.

Damis. Warum sprechen Sie diesen Lobspruch mit einem so traurigen Tone aus? Kostet er Sie so viel? In Wahrheit, ich bin recht unglücklich. Je länger ich die Ehre habe, Sie zu sehen und zu sprechen, desto unzufriedner werden Sie. Sagen Sie mir nur, was Sie beunruhiget. Ich will Ihnen ja Ihre Freiheit nicht rauben. Nein, ich will nicht den geringsten Anspruch auf Ihr Herz machen. Ich will Sie ohne alle Belohnung, ohne alle Hoffnung lieben. Wollen Sie mir denn auch dieses Vergnügen nicht gönnen?

Julchen. Sie sind wirklich großmütiger, als ich geglaubt habe. Wenn Sie mich lieben wollen, ohne mich zu fesseln: so wird mir Ihr Beifall sehr angenehm sein. Aber dies ist auch alles, was ich Ihnen sagen kann. Werfen Sie mir mein verdrießliches Wesen nicht mehr vor. Ich will gleich so billig sein und Sie verlassen.

Damis. Aber was fehlt Ihnen denn, mein Engel?

Julchen (unruhig). Ich weiß es in Wahrheit nicht. Es ist mir alles so ängstlich, und es scheint recht, als ob ich das Ängstliche heute suchte und liebte. Ich bitte Sie recht sehr, lassen Sie deswegen nichts von Ihrer Hochachtung gegen mich fallen. Es ist unhöflich von mir, daß ich Sie nicht munterer unterhalte, da Sie unser Gast sind. Aber der Himmel weiß, ich kann nichts dafür. Ich will mir eine Tasse Kaffee machen lassen. Vielleicht kann ich mein verdrießliches Wesen zerstreuen. Aber gehn Sie nicht gleich mit mir. Lottchen möchte mir sonst einige kleine Spöttereien sagen. Wollen Sie so gütig sein?

Dritter Auftritt

Damis. Lottchen.

Lottchen. Nun, Herr Damis, wie weit sind Sie in Ihrer Liebe? Sie weinen? Ist das möglich?

Damis. O gönnen Sie mir dieses Glück. Es sind Tränen der Wollust, die meine ganze Seele vergnügen. Wenn Sie nur das liebenswürdige Kind hätten sollen reden hören! Wenn Sie nur die Gewalt hätten sehen sollen, die sie ihrem Herzen antat, um es nicht sehn zu lassen! Sie sagte endlich aufrichtig, sie wäre unruhig. Ach Himmel! mit welcher Annehmlichkeit, mit welcher Unschuld sagte sie dies! Sie liebt mich wohl, ohne es recht zu wissen. Bedenken Sie nur, mein liebes Lottchen, o bedenken Sie nur, wie...

Lottchen. Warum reden Sie nicht weiter?

Damis. Lassen Sie mich doch mein Glück erst recht überdenken. Sie nannte ihre Unruhe ein verdrießliches Wesen. Sie bat mich, daß ich deswegen nichts von der Hochachtung gegen sie sollte fahrenlassen. Und das Wort Hochachtung drückte sie mit einem Tone aus, der ihm die Bedeutung der Liebe gab. Sie sagte endlich in aller Unschuld, sie wollte sich eine Tasse Kaffee machen lassen, um den Nebel in ihrem Gemüte dadurch zu zerstreuen.

Lottchen. Das gute Mädchen! Wenn der Kaffee eine Arznei für die Unruhen des Herzens wäre: so würden wir wenig Gemütskrankheiten haben. Nunmehr wird sie bald empfinden, was Liebe und Freiheit ist. Das Traurige, das sich in ihrem Bezeigen meldet, scheint mir ein Beweis zu sein, daß sie ihre Freiheit nicht mehr zu beschützen weiß. Verwandeln Sie sich nunmehr nach und nach wieder in den Liebhaber, damit Julchen nicht gar zu sehr bestraft wird.

Damis. Diese Verwandlung wird mir sehr natürlich sein. Aber ich fürchte, wenn Julchen in Gegenwart so vieler Zeugen mir ihre Liebe wird bekräftigen sollen: so wird ihr Herz wieder scheu werden. Sie bat mich, da sie mich verließ, daß ich ihr nicht gleich nachfolgen sollte, damit ihr Lottchen nicht einige Spöttereien sagen möchte. Wie furchtsam klingt dieses!

Lottchen. Ja, es heißt aber vielleicht nichts anders, wenn man es in seine Sprache übersetzt, als: Gehen Sie nicht mit mir, damit Lottchen nicht so deutlich sieht, daß ich Sie liebe. Ihre Braut scheut sich nicht vor der Liebe, sondern nur vor dem Namen derselben. Wenn sie weniger natürliche Schamhaftigkeit hätte, so würde ihre Liebe sich in einem größern Lichte sehen lassen; aber vielleicht würde sie nicht so reizend erscheinen. Vielleicht geht es mit der Zärtlichkeit eines Frauenzimmers wie mit ihren äußerlichen Reizungen, wenn sie gefallen sollen.

Damis. Was meinen Sie, meine liebe Jungfer Schwester, soll ich... Aber wie? Ich nenne Sie schon Jungfer Schwester, und ich scheue mich doch zugleich, Sie deswegen um Vergebung zu bitten?

Lottchen. Ich will den Fehler gleich wieder gutmachen, mein lieber Herr Bruder. Ich habe Ihnen nun nichts vorzuwerfen. Aber was wollten Sie sagen?

Damis. Fragen Sie mich nicht. Ich habe es wieder vergessen. Ich kann gar nicht mehr zu meinen eignen Gedanken kommen. Sie verbergen sich in die entlegenste Gegend von meiner Seele. Julchen denkt und sinnt und redt in mir. Und seitdem ich sie traurig gesehen habe, habe ich große Lust, es auch zu sein. Was für ein Geheimnis hat nicht ein Herz mit dem andern! Ich sehe, daß ich glücklich bin, und sollte vergnügt sein. Ich sehe, daß mich Julchen liebt, und indem ich dieses sehe, werde ich traurig, weil sie es ist. Welche neue Entdeckung in meinem Herzen!

Lottchen. Ich weiß Ihnen keinen bessern Rat zu geben als den, folgen Sie Ihrer Neigung und vertreiben Sie sich die Traurigkeit nicht, sonst werden Sie zerstreut werden. Sie wird ihres Platzes von sich selber müde werden und ihn bald dem Vergnügen von neuem einräumen.

Damis. Ich werde recht furchtsam. Und ich glaube, wenn ich Julchen wiedersehe, daß ich gar stumm werde.

Lottchen. Das kann leicht kommen. Vielleicht geht es Julchen auch also. Ich möchte Sie beide itzt beisammen sehen, ohne von Ihnen bemerkt zu werden. Sie würden beide tiefsinnig tun. Sie würden reden wollen und statt dessen seufzen. Sie würden die verräterischen Seufzer durch gleichgültige Mienen entkräften wollen und ihnen nur mehr Bedeutung geben. Sie würden einander wechselsweise bitten, sich zu verlassen, und einander Gelegenheit geben, zu bleiben. Und vielleicht würde Ihre beiderseitige Wehmut zuletzt in etliche mehr als freundschaftliche Küsse ausbrechen. Aber ich höre meine Schwester kommen. Ich will Sie nicht stören. (Sie geht und bleibt in der Szene versteckt stehen.)

Vierter Auftritt

Julchen. Damis.

Julchen. War nicht meine Schwester bei Ihnen? Wo ist sie?

Damis (in tiefen Gedanken). Sie ging und sagte, sie wollte uns nicht stören.

Julchen. Nicht stören? Was soll das bedeuten?

Damis. Vergeben Sie mir. Ich habe mich übereilet. Ach, Juliane!

Julchen. Sie haben sich übereilet, und woher? Aber... Ja... Ich will Sie verlassen. Sie sind tiefsinnig.

Damis. Sie wollen mich verlassen? meine Juliane! Mich...?

Julchen. Meine Juliane! so haben Sie mich ja sonst nicht geheißen? Sie vergessen sich. Ich will Sie verlassen.

Damis. O gehn Sie noch nicht. Ich habe Ihnen recht viel zu sagen. Ach viel!

Julchen. Und was denn? Sie halten mich wider meinen Willen zurück. Ist Ihnen etwas begegnet? Was wollen Sie sagen? Reden Sie doch.

Damis (bange). Meine Juliane!

Julchen (mit beweglicher Stimme). Juliane! den Namen höre ich zum dritten Male. Sie schweigen wieder? Ich muß nur gehn. (Sie geht. Er sieht ihr traurig nach, und sie sieht sich um.) Wahrhaftig, es muß Ihnen etwas Großes begegnet sein. Darf ich's nicht wissen?

Damis (er kömmt auf sie zu). Wenn Sie mir's vergeben wollten: so wollte ich Ihnen sagen; aber nein... Ich würde Ihre Gewogenheit darüber verlieren und... (Er küßt ihr die Hand und hält sie dabei.) Nein, ich habe Ihnen nichts zu sagen. Ach, Sie sind verdrießlich, meine Juliane?

Julchen (ganz betroffen). Nein, ich bin nicht traurig. Aber ich erschrecke, daß ich Sie so bestürzt sehe. Ja... Ich bin nicht traurig. Ich bin ganz gelassen, und ich wollte, daß Sie auch so wären. Halten Sie mich nicht bei der Hand. Ich will Sie verlassen. Ich wollte meine Schwester suchen und ihr sagen...

Damis. Was wollten Sie ihr denn sagen? mein schönes Kind!

Julchen. Ich wollte ihr sagen... daß der Papa nach ihr gefragt hätte und...

Damis. Der Papa? mein Engel!

Julchen. Nein, ich irre mich. Herr Siegmund hat nach ihr gefragt und meine Schwester sprechen wollen und mich gebeten... (Sie sieht ihn an.) In Wahrheit, Sie sehen so traurig aus, daß man sich des Mitleidens... (Sie wendet das Gesichte beiseite.)

Damis. Meine Juliane! Ihr Mitleiden... Sie bringen mich zur äußersten Wehmut.

Julchen. Und Sie machen mich auch traurig. Warum hielten Sie mich zurück? Warum weinen Sie denn? (Sie will ihre Tränen verbergen.) Was fehlt Ihnen? Verlassen Sie mich, wenn ich bitten darf.

Damis. Ja.

Julchen (für sich). Er geht?

Damis (indem er wieder zurückkehrt). Aber darf ich nicht wissen, meine Schöne, was Ihnen begegnet ist? Sie waren ja Vormittage nicht so traurig.

Julchen. Ich weiß es nicht. Sie wollten ja gehn. Ist Ihnen meine Unruhe beschwerlich? Sagen Sie mir nur, warum Sie... Sie reden ja nicht.

Damis. Ich?

Julchen. Ja.

Damis. O wie verschönert die Wehmut Ihre Wangen! Ach, Juliane!

Julchen. Was seufzen Sie? Sie vergessen sich. Wenn doch Lottchen wiederkäme! Bedenken Sie, wenn sie Sie so betrübt sähe und mich... Was würde sie sagen? (Lottchen tritt aus der Szene hervor.)

Fünfter Auftritt

Die Vorigen. Lottchen.

Lottchen. Ich würde sagen, daß man einander durch bekümmerte Fragen und Tränen die stärkste Liebeserklärung machen kann, ohne das Wort Liebe zu nennen. Mehr würde ich nicht sagen.

Julchen. O wie spöttisch! Ich muß nur gehn.

Lottchen. O ich habe es wohl eher gesehn, daß du hast gehn wollen, und doch...

Julchen. Das wüßte ich in der Tat nicht. (Sie geht ab.)

Sechster Auftritt

Damis. Lottchen.

Lottchen. Es dauert mich in der Tat, daß ich Sie beide gestöret habe. Ich hätte es nicht tun sollen: Aber ich konnte mich vor Freuden nicht länger halten. Kann wohl ein schönerer Anblick sein, als wenn man zwei Zärtliche sieht, die es vor Liebe nicht wagen wollen, einander die Liebe zu gestehen? Mein lieber Herr Damis, habe ich den Plan Ihres zärtlichen Schicksals nicht gut entworfen gehabt? Hätte ich mich noch einige Augenblicke halten können: so würde Ihre beiderseitige Wehmut gewiß noch bis zu etlichen vertraulichen Liebkosungen gestiegen sein.

Damis. Daran zweifele ich sehr. Ich war in Wahrheit recht traurig, und ich bin's noch.

Lottchen. Ja, ich sehe es. Und es wird Ihnen sehr sauer werden, mit mir allein zu reden. Holen Sie unmaßgeblich Ihre betrübte Freundin wieder zurück. Ich will Sie miteinander aufrichten.

Damis. Ja, das will ich tun.

Siebenter Auftritt

Lottchen. Simon.

Simon. Ich bitte Sie um Vergebung, Mamsell, daß ich unangemeldet hereintrete. Das Vergnügen macht mich unhöflich. Sind Sie nicht die liebenswürdige Braut meines Herrn Mündels?

Lottchen. Und wenn ich nun seine Braut wäre, was...

Simon. So habe ich die Ehre, Ihnen zu sagen, daß Ihnen Ihre selige Frau Muhme in ihrem Testamente ihr ganzes Rittergut vermacht hat. Sie werden die Gewißheit davon noch heute vom Rathause erhalten. Das Testament ist geöffnet, und Ihr Herr Pate, der Herr Hofrat, der bei der Eröffnung zugegen gewesen, hat mir aufgetragen, Ihrem Herrn Vater diese angenehme Zeitung zum voraus zu hinterbringen, ehe er noch die gerichtliche Insinuation erhält.

Lottchen. Ist das möglich? Die Frau Muhme hat ihr Versprechen zehnfach erfüllt. Wie glücklich ist meine Schwester! Sie verdient es in der Tat. Das ist eine sonderbare Schickung. Mein Herr, Sie setzen mich in das empfindlichste Vergnügen. Ich bin nicht die Braut Ihres Herrn Mündels. Aber die Nachricht würde mich kaum so sehr erfreuen, wenn sie mich selbst anginge.

Simon. Kurz, Mamsell, ich weiß nicht, welche von Ihnen meinen Mündel glücklich machen will. Allein genug, die jüngste Tochter des Herrn Cleon ist die Erbin des ganzen Ritterguts und also eines Vermögens von mehr als funfzigtausend Talern.

Lottchen. Das ist meine Schwester. Wie erfreue ich mich!

Simon. Es tut mir leid, daß ich Ihnen nicht ebendiese Nachricht bringen kann. Ich wollte es mit tausend Freuden tun. Wo ist Ihr lieber Herr Vater? Wird er nicht eine Freude haben!

Lottchen. Ich habe gleich die Ehre, Sie zu ihm zu führen. Aber ich will Sie erst um etwas bitten. Gönnen Sie mir doch das Vergnügen, daß ich meiner Schwester und Ihrem Herrn Mündel die erste Nachricht von dieser glücklichen Erbschaft bringen darf. Es ist meine größte Wollust, die Regungen des Vergnügens bei andern ausbrechen zu sehen. Und wenn ich viel hätte, ich glaube, ich verschenkte alles, nur um die Welt froh zu sehen. Lassen Sie mir immer das Glück, meiner Schwester das ihrige anzukündigen.

Simon. Von Herzen gern. Eine so edle Liebe habe ich nicht leicht unter zwo Schwestern gefunden. Ich erstaune ganz. Ich wußte wohl, Mamsell, daß Sie die Braut meines Mündels nicht waren; allein, ich wollte mir meinen Antrag durch eine verstellte Ungewißheit leichter machen. Ich glaubte, Sie würden erschrecken und über die Vorteile Ihrer Jungfer Schwester unruhig werden. Aber ich sehe das Gegenteil und fange an zu wünschen, daß Sie selbst die Braut meines lieben Mündels und die glückliche Erbin der Frau Stephan sein möchten.

Lottchen. Wenn man Ihren Beifall dadurch gewinnen kann, daß man frei vom Neide und zur Menschenliebe geneigt ist: so hoffe ich mir Ihr Wohlwollen zeitlebens zu erhalten. Also wollen Sie Julchen und dem Herrn Damis nichts von der Erbschaft sagen, sondern es mir überlassen? Sie sind sehr gütig.

Simon. Ich will sogar dem Herrn Vater nichts davon sagen, wenn Sie es ihm selber hinterbringen wollen. Hier kömmt er.

Achter Auftritt

Die Vorigen. Herr Cleon. Herr Siegmund.

Cleon. Mein wertester Herr, ich habe Sie mit dem Herrn Siegmund schon im Garten gesucht. Ich sahe Sie in das Haus hereintreten, und ich glaubte, Sie würden den Kaffee im Garten trinken wollen. Ich erfreue mich über die Ehre Ihrer Gegenwart. Ich erfreue mich recht von Herzen.

Simon. Und ich erfreue mich, Sie wohl zu sehen und heute einen Zeugen von Ihrem Vergnügen abzugeben.

Lottchen. Ach, lieber Papa! Ach, lieber Herr Siegmund! Soll ich's sagen? Herr Simon!

Simon. Wenn Sie es erzählen, wird mir's so neu klingen, als ob ich's selbst noch nicht wüßte.

Cleon. Nun, was ist es denn? meine Tochter! Wem willst du es erst sagen, mir oder meinem lieben Nachbar? Welcher ist dir lieber, du loses Kind?

Lottchen. Wenn ich die Liebe der Ehrfurcht frage: so sind Sie's. Und wenn ich die Liebe der Freundschaft höre: so ist es Ihr lieber Nachbar. Ich will's Ihnen beiden zugleich sagen, was mir Herr Simon itzt erzählt hat. Die selige Frau Muhme hat Julchen in ihrem Testamente ihr ganzes Rittergut vermacht. Das Testament ist geöffnet, und mein Herr Pate, der Herr Hofrat, läßt Ihnen durch den Herrn Simon diese Nachricht bringen.

Cleon. Dafür sei Gott gedankt. Das Gut ist doch Weiberlehn? Ja! Ich erschrecke ganz vor Freuden. Das hätte ich nimmermehr gedacht. O sie war dem Mädchen sehr gut! Gott vergelte es ihr in der frohen Ewigkeit. Das ganze Rittergut?

Siegmund. Das ist vortrefflich. Die rechtschaffene Frau!

Simon (zu Cleon). Ich habe mir in Ihrem Namen die Abschrift von dem Testamente schon ausgebeten, und ich hoffe sie gegen Abend zu erhalten. Sie werden auch bald eine gerichtliche Verordnung bekommen.

Cleon. Das ist ja ganz was Außerordentliches. Ich will's die Armen gewiß genießen lassen. Aber du, meine liebe Tochter, du kömmst dabei zu kurz.

Lottchen. Ich? Papa. Nein. Wenn ich das Glück tragen könnte: so würde mir der Himmel gewiß auch welches geben. Ich habe schon Glück genug. Nicht wahr? Herr Siegmund! Was meinen Sie?

Siegmund. Daß Sie es ebenso würdig sind als Ihre Jungfer Schwester.

Cleon. Herr Simon, Sie haben mir ja in Ihrem Billette gemeldet, daß auch Sie eine erfreuliche Nachricht erhalten hätten. Kommen Sie doch mit mir in den Garten und vertrauen Sie mir's. Diese beiden feindseligen Gemüter werden sich schon hier allein vertragen oder uns nachkommen.

Neunter Auftritt

Lottchen. Siegmund.

Lottchen. Wenn ich Ihre Größe nicht kennte: so würde ich gezittert haben, Ihnen die Nachricht von dem großen Glücke meiner Schwester zu hinterbringen. Aber ich weiß, Sie schätzen mich deswegen nicht einen Augenblick geringer. Unser Schicksal steht in den Händen der Vorsicht. Diese teilen allemal weise aus, und sie werden sich auch noch zu unserm Vorteile öffnen, wenngleich nicht in dem Augenblicke, da wir es wünschen.

Siegmund. Mein liebes Lottchen, es wird mir sehr leicht, über Ihrem Herzen das Glück zu vergessen. Wir wollen hoffen. Vergeben Sie mir nur, daß ich noch immer den Zerstreuten vorstelle. Ich habe lange mit Ihrem Papa gesprochen, und ich weiß in Wahrheit nicht was.

Lottchen. Wenn Sie mich so lieben, wie ich Sie: so wundert mich's nicht, daß Ihnen ein Tag, wie der heutige ist, wo solche Anstalten gemacht werden, einige Wünsche und Unruhen abnötiget. Trauen Sie doch der Vorsehung. Es ist eben heute ein Jahr, da Sie durch den unglücklichen Prozeß Ihres seligen Herrn Vaters Ihr Vermögen verloren. Vielleicht beunruhiget Sie dieser Gedanke; aber vielleicht haben Sie auch alles heute über ein Jahr wieder. Haben Sie mit Julchen gesprochen und dem Herrn Damis zum besten sich etwas zärtlich gestellt?

Siegmund. Nein, weil ich so zerstreut bin, so...

Lottchen. Gut. Sie werden diese kleine Mühe fast ersparen können. Ihr Herz scheint keinen großen Antrieb mehr nötig zu haben. Aber sagen Sie ihr noch nichts von der Erbschaft. Ich will sie holen und es ihr in Ihrer Gegenwart entdecken und ihrem Geliebten zugleich.

Zehnter Auftritt

Siegmund allein.

Welche entsetzliche Nachricht!... Julchen!... Ein ganzes Rittergut! Julchen... die so viel Reizungen, so viel Schönheit und Anmut besitzt! ... Kennte ich Lottchens Wert nicht: so würde Julchen.... Aber ist Julchen nicht auch tugendhaft... großmütig... klug... unschuldig... ? Ist sie nicht die Sittsamkeit selbst? Ist Lottchen so schamhaft? oder... Himmel, wo bin ich? Verdammte Liebe, wie quälst du mich! Muß man auch wider seinen Willen untreu werden?... Warum konnte jene nicht die reiche Erbschaft bekommen? Sahe die Muhme auch, daß die jüngste mehr Verdienste hatte?... Ich Elender! Ich bin ohne meine Schuld um das größte Vermögen gekommen... Aber habe ich weniger Vorzüge als Damis? Julchen widersteht ja seiner Liebe... Ist es ein Verbrechen?... Was kann ich dafür, daß sie mich rührt? Sind meine Wünsche verdammlich, wenn sie mit Julchens Wünschen vielleicht gar übereinstimmen? O Himmel! Sie kömmt allein.

Elfter Auftritt

Siegmund. Julchen.

Julchen. Meine Schwester hat gesagt, ich soll sie hier in Ihrer Gesellschaft erwarten. Sie sucht den Herrn Damis und will alsdann hieherkommen und uns etwas Angenehmes erzählen.

Siegmund. Wird Ihnen unterdessen die Zeit in meiner Gesellschaft nicht verdrießlich werden?

Julchen. Mir? Bei Ihnen? Gewiß nicht. Sie sind heute am freundschaftlichsten mit mir umgegangen. Und es wird Ihnen auch wohl kein Geheimnis sein, daß ich ihnen gut bin, wenngleich nicht so wie meine Schwester.

Siegmund (er küßt ihr die Hand). Sie sagen mir vieles Schönes, angenehme Braut.

Julchen. Bin ich denn eine Braut? Das hat mir noch kein Mensch gesagt. Nein, mein Herr, heißen Sie mich nicht so. Es kann sein, daß ich dem Herrn Damis gewogen bin; aber muß ich darum seine Braut sein? Nein, er ist so gütig und sagt mir fast gar nichts mehr von der Liebe.

Siegmund. Aber, wenn ich Ihnen etwas von der Liebe sagte, würden Sie auch zürnen? Sie wissen es wohl nicht, wie hoch ich Sie... doch...

Julchen. Bei Ihnen bin ich sehr sicher. Solange ein Lottchen in der Welt ist, werden Ihre Liebeserklärungen nicht viel zu bedeuten haben. Sie wollen mich vielleicht ausforschen; aber Sie werden nichts erfahren.

Siegmund. Meine Schöne, ich wollte wünschen, daß ich aus Verstellung redte; aber ach nein! Denken Sie denn, daß man...

Julchen. Und was?

Siegmund. Daß man Sie sehn und doch unempfindlich bleiben kann?

Julchen. Sie spielen die Rolle des Herrn Damis, wie ich sehe.

Siegmund. So werde ich sehr unglücklich sein, weil Sie mit seiner Rolle nicht zufrieden sind.

Julchen. Was verlieren denn Sie und meine Schwester, wenn ich seine Wünsche nicht erfülle?

Siegmund. Vielleicht gewönne ich. Vielleicht würden Sie die Absichten des aufrichtigsten Herzens sehn. Ich verehre Sie; doch... wie kann ich Ihnen das sagen, was ich empfinde!

Julchen. Sie können eine fremde Person vortrefflich annehmen. Aber auch die Liebe im Scherze beunruhigt mich. Ich weiß nicht, wo meine Schwester bleibt. Ich möchte doch wissen, was sie mir zu sagen hätte; sie küßte mich vor Freuden. Es muß etwas Wichtiges sein. Ich muß sie nur suchen.. Verziehn Sie einen Augenblick.

Zwölfter Auftritt

Siegmund allein.

Ich Abscheu! Was habe ich getan? Ich werde der redlichsten Seele untreu, die mich mit Entzückung liebt? Ich...? Aber wie schön, wie reizend ist Julchen! Sie liebt ihn noch nicht... Und mir, mir ist sie gewogen? Aber die Vernunft...? Sie soll schweigen... Mein Herz mag die Sache ausführen.... Mißlingt mir meine Absicht: so bleibt mir Lottchen noch gewiß. ... Hat sie mir nicht selbst befohlen, mich verliebt in Julchen zu stellen? Werde ich ihr darum untreu? Wie? Sie kömmt noch einmal? Sucht sie mich mit Fleiß?

Dreizehnter Auftritt

Siegmund. Julchen. Der Magister.

Julchen (zu Siegmund). Lottchen will mir nichts eher sagen, bis Herr Damis wiederkömmt. Er ist eine halbe Stunde nach Hause gegangen, und Sie sollen so gütig sein und zu dem Papa kommen. Er wartet mit dem Kaffee auf Sie.

Siegmund. Nach Ihrem Befehle. Aber darf ich hoffen?

Julchen. Weil Sie in der Sprache der Liebhaber reden: so muß ich Ihnen in der Sprache der Schönen antworten: Sie müssen mit meinem Papa davon sprechen.

Der Magister. Ja, Herr Siegmund, mein Bruder wartet auf Sie, und ich möchte gern ein Wort mit Jungfer Julchen allein sprechen.

Vierzehnter Auftritt

Julchen. Der Magister.

Julchen. Herr Magister, wollen Sie mir etwa sagen, was mir Lottchen Neues erzählen will?

Der Magister. Nein, ich habe sie gar nicht gesehn. Ich komme aus meiner Studierstube und habe zum Zeitvertreibe in einem deutschen Fabelbuche gelesen. Wenn Sie mir zuhören wollten: so wollte ich Ihnen eine Fabel daraus vorlesen, die mir ganz artig geschienen hat. Ich weiß, Sie hören gerne witzige Sachen.

Julchen. Ja, aber nur heute nicht, weil ich gar zu unruhig bin. Sie lesen mir ja sonst keine Fabeln vor. Wie kommen Sie denn heute auf diesen Einfall? Ja, ich weiß wohl eher, daß Sie mir eine ziemliche finstere Miene gemalt haben, wenn Sie mich in des Fontaine oder Hagedorns Fabeln haben lesen sehen.

Der Magister. Sie haben recht. Ich halte mehr auf gründliche Schriften. Und das Solide ist für die Welt allemal besser als das Witzige. Aber wie man den Verstand nicht immer anstrengen kann: so ist es auch erlaubt, zuweilen etwas Seichtes zu lesen. Wollen Sie die Fabel hören? Sie heißt Die Sonne.

Julchen. O ich habe schon viele Fabeln von der Sonne gelesen! Ich will es Ihnen auf Ihr Wort glauben, daß sie artig ist. Lesen Sie mir sie nur nicht vor.

Der Magister. Jungfer Muhme, ich weiß nicht, was Sie heute für eine verdrießliche Gemütsart haben. Ihnen zu gefallen, verderbe ich mir etliche kostbare Stunden. Ich arbeite für Ihr Glück, für Ihre Beruhigung. Und Sie sind so unerkenntlich und beleidigen mich alle Augenblicke dafür? Bin ich Ihnen denn so geringe? Verdienen meine Absichten nicht wenigstens Ihre Aufmerksamkeit? Sind denn Ihre Pflichten gegen mich durch die Blutsverwandtschaft nicht deutlich genug bestimmt? Warum widersprechen Sie mir denn? Kann ich etwas dafür, daß Sie nach der Vernunft verbunden sind, zu heiraten? Habe ich den Gehorsam, den Sie Ihrem Herrn Vater und mir schuldig sind, etwa erdacht? Ist er nicht in dem ewigen Gesetze der Vernunft enthalten?

Julchen. Sie schmälen auf mich, Herr Magister; aber Sie schmälen doch gelehrt, und deswegen will ich mich zufriedengeben. Darf ich bitten: so lesen Sie mir die Fabel vor, damit ich wieder zu meiner Schwester gehn kann. Sie wissen nicht, wie hoch ich Sie schätze.

Der Magister. Warum sollte ich's nicht wissen? Wenn Sie gleich nicht den schärfsten Verstand haben, so haben Sie doch ein gutes Herz. Und ich wollte wetten, wenn Sie statt der Bremischen Beiträge und anderer solchen leichten Schriften eine systematische Moralphilosophie läsen, daß Sie bald anders sollten denken lernen. Wenn Sie die Triebe des Willens und ihre Natur philosophisch kennen sollten: so würden Sie sehen, daß der Trieb der Liebe ein Grundtrieb wäre, und also...

Julchen. Sie reden mir so viel von der Liebe vor. Haben Sie denn in Ihrer Jugend auch geliebt? Kennen Sie denn die Liebe recht genau? Was ist sie denn? Ein Rätsel, das niemand auflösen kann.

Der Magister. Als der Verstand genug hat, in die Natur der Dinge zu dringen. Die Liebe ist eine Übereinstimmung zweener Willen zu gleichen Zwecken. Mich deucht, dies ist sehr adäquat. Oder soll ich Ihnen eine andere Beschreibung geben?

Julchen. Nein, ich habe mit dieser genug zu tun. Sagen Sie mir lieber die Fabel. Ich muß zu meiner Schwester.

Der Magister. Ja, ja, die Fabel ist freilich nicht so schwer zu verstehen als eine Kausaldefinition. Sie ist kurz, und sie scheint mir mehr eine Allegorie als eine Fabel zu sein. Sie klingt also: Die Sonne verliebte sich, wie man erzählt, einsmals in den Mond. Sie entdeckte ihm ihre Wünsche auf das zärtlichste; allein der Mond blieb seiner Natur nach kalt und unempfindlich. Er verlachte alle die Gründe, womit ihn einige benachbarte Planeten zur Zärtlichkeit gegen die Sonne bewegen wollten. Ein heimlicher Stolz hieß ihn spröde tun, ob ihm die Liebe der Sonne gleich angenehm war. Er trotzte auf sein schönes und reines Gesicht, bis es eine Gottheit auf das Bitten der Sonne mit Flecken verunstaltete. Und dies sind die Flecken, die wir noch heutzutage in dem Gesichte des Monden finden. Dies ist die Fabel. Was empfinden Sie dabei?

Julchen. Ich empfinde, daß sie mir nicht gefällt und daß der Verfasser ihrer noch viel machen wird. Ich will doch nicht hoffen, daß Sie diese Erzählung im Ernste für artig halten.

Der Magister. Freilich kann der Verstand bei witzigen Sachen seine Stärke nicht sehen lassen. Aber wie? wenn ich die Fabel selbst gemacht hätte?

Julchen. So würde ich glauben müssen, daß die Schuld an mir läge, warum sie mir nicht schön vorkömmt.

Der Magister. Sie wissen sich gut herauszuwickeln. Ich will es Ihnen gestehen. Es ist meine Arbeit. Ich will mich eben nicht groß damit machen, denn Witz kann auch ein Ungelehrter haben. Aber wollten Sie diese Fabel wohl auflösen? Was soll die Moral sein?

Julchen. Das werden Sie mir am besten sagen können.

Der Magister. Die Moral soll etwan diese sein: Ein schönes Frauenzimmer, die gegen den Liebhaber gar zu lange spröde tut, steht in der Gefahr, daß das Alter ihr schönes Gesicht endlich verwüstet.

Julchen. Sie sind heute recht sinnreich, Herr Magister. Ich merke, die Fabel geht auf mich. Ich bin der Mond. Herr Damis wird die Sonne sein, und die Planeten werden auf Sie und meine Schwester zielen. Habe ich nicht alles erraten?

Der Magister. Ich sehe wohl, wenn man Ihnen seine Gedanken unter Bildern vorträgt: so machen sie einen großen Eindruck bei Ihnen. Jungfer Muhme, denken Sie unmaßgeblich an die Fabel und widerstehen Sie der Liebe des Herrn Damis nicht länger. Was soll ich Ihrem Papa für eine Antwort bringen?

Julchen. Sagen Sie ihm nur, daß ich über Ihre Fabel hätte lachen müssen: so verdrießlich ich auch gewesen wäre. Ich habe die Ehre, mich Ihnen zu empfehlen.

Funfzehnter Auftritt

Der Magister. Cleon. Siegmund.

Cleon. Nun, mein lieber Magister, was spricht Julchen? Ich denke, sie wird sich wohl ohne deine Fabel zur Liebe entschlossen haben.

Der Magister. Sie bleibt unbeweglich. Ich weiß nicht, warum ich mir des eigensinnigen Mädchens wegen so viel Mühe gebe. Wer weder durch philosophische noch durch sinnliche Beweise zu bewegen ist, den muß man seinem Wahne zur Strafe überlassen. Ich sage ihr kein Wort mehr. So geht es, wenn man seinen Kindern nicht beizeiten ein gründliches Erkenntnis von der Moral beibringen läßt. Ich habe mich zehnmal erboten, deine Töchter denken zu lehren und ihnen die Grundursachen der Dinge zu zeigen. Aber nein, sie sollten witzig und nicht vernünftig werden.

Siegmund. Mein Herr, dies war ein verwegner Ausspruch. Ist Julchen nicht vernünftig genug?

Der Magister. Warum denn nur Julchen? Ich verstehe Sie. Ich habe ein andermal die Ehre, Ihnen zu antworten. Itzt warten meine Zuhörer auf mich.

Sechzehnter Auftritt

Cleon. Siegmund.

Cleon. Ich weiß nicht, wem ich glauben soll, ob dem Magister oder Lottchen? Diese spricht, Julchen liebt den Herrn Damis, und jener spricht: nein. Er hat ja Verstand. Sollte er denn die Sache nicht einsehen? Sagen Sie mir doch Ihre aufrichtige Meinung, Herr Siegmund.

Siegmund. Ich komme fast selbst auf die Gedanken, daß Julchen den Herrn Damis nicht wohl leiden kann.

Cleon. Aber was soll denn daraus werden? Wenn sie schon etwas von der Erbschaft wüßte: so dächte ich, das Rittergut machte sie stolz. Herr Damis ist so redlich gewesen und hat sie zur Frau verlangt, da sie arm war. Nun soll sie ihn, da sie reich ist, zur Dankbarkeit heiraten. Sie wird sich wohl noch geben.

Siegmund. Aber Sie wissen wohl, daß der Zwang in der Ehe üble Früchte bringt.

Cleon. Es wird schon gehen. Ich verlasse mich auf die Fügung. Und ich wollte wohl wünschen, Herr Siegmund, wenn Sie anders noch willens sind, meine Tochter Lottchen zu ehelichen, daß ich heute ein doppeltes Verlöbnis ausrichten könnte.

Siegmund. Ja, wenn nur meine Umstände... Ich habe einige hundert Taler Schulden...

Cleon. Gut. Julchen soll Ihre Schulden von ihrer Erbschaft bezahlen und Ihnen auch noch tausend Taler zum Anfange in der Ehe geben.

Siegmund. Das ist sehr schön; aber...

Cleon. Sie kriegen an Lottchen gewiß eine verständige Frau. Das Mädchen hat fast gar keinen Fehler, und ihr Gesichte ist auch nicht schlecht. Ich darf's ihr nur nicht sagen, aber sie sieht eine Sache manchmal besser ein als ich. Wenn doch die Abschrift von dem Testamente bald käme! Also, wollen Sie Lottchen haben?

Siegmund. Ja, ich wünsche mir Lottchen. Ich gehorche Ihnen als meinem Vater. Aber darf ich Ihnen sagen, daß es scheint, daß mir Julchen gewogener ist als dem Herrn Damis; und daß Lottchen hingegen mit diesem sehr zufrieden zu sein scheinet. Darf ich Ihnen wohl sagen, daß mir Julchen nur itzt noch befohlen hat, bei Ihnen um sie anzuhalten und...

Cleon. Was höre ich? Nun errate ich, warum das Mädchen sich so geweigert hat. Lieber Herr Siegmund, ich beschwöre Sie, sagen Sie mir, was bei der Sache anzufangen ist. Ich vergehe, ich... Ja doch. Julchen kann Ihnen gewogen sein, aber Lottchen ist Ihnen noch gewogener.

Siegmund. Sie haben vollkommen recht, lieber Papa.

Cleon. Also will Lottchen zwei Männer und Herr Damis zwo Weiber haben? Das ist ja unsinnig.

Siegmund. Es ist eine verwirrte Sache, bei der ich eine sehr ungewisse Person spiele. Das beste wird sein, daß Sie alles so geheimhalten, als es möglich ist, und die Verlobung mit dem Herrn Damis etwan noch acht Tage anstehen lassen. Vielleicht besinnt sich Julchen anders.

Cleon. Lieber Gott, zu wem wollte ich davon reden als zu Ihnen? Ich müßte mich ja schämen.

Siegmund. Wenn Lottchen den Herrn Damis freiwillig wählen sollte: so bin ich viel zu redlich, als daß ich ihr einen Mann mit so großem Vermögen entziehen will.

Cleon. Sie sind die Großmut selbst. Ich kann alles zufrieden sein. Ich wollte Ihnen Julchens Vermögen ebensowohl gönnen als dem Herrn Damis. Freilich wäre die Einteilung nicht uneben. Lottchen wäre durch Herrn Damis' Vermögen und Ihnen durch Julchens Erbschaft geholfen. Ich weiß nicht, was ich anfangen soll.

Siegmund. Also wollten Sie mir, wenn es so weit kommen sollte, Julchen versprechen?

Cleon. Aber Lottchen hat Sie so lieb, lieber als mich. Und ich dächte, es wäre unbillig, daß Sie sie vergäßen. Ich kann mir nicht einbilden, daß meine Tochter so unbeständig sein sollte. Ich habe sie selber vielmal für Sie beten hören, daß es Ihnen der Himmel möchte wohlgehen und Sie ihr zum Vergnügen leben lassen, wenn es sein Wille wäre. Sollte sie denn so leichtsinnig sein? Nein. Sie irren sich wohl.

Siegmund. Eben deswegen wollen wir die Sache noch geheimhalten. Ich liebe Lottchen wie meine Seele, und ich werde sie auf alle Art zu erhalten suchen.

Cleon. Wir wollen heute zusehn. Wir wollen genau auf alles achtgeben. Ich denke gewiß, es soll bei der ersten Einrichtung bleiben. Ich will Ihnen Lottchen mit einer guten Art herschicken. Sagen Sie ihr nur recht viel Zärtliches vor. Sie hört es gern. Julchen will ich selber noch einmal ausforschen; aber ganz schlau. Ich habe mich lange aufgehalten und den Herrn Simon alleine gelassen. Wenn es nur der rechtschaffene Mann nicht übelnimmt.

Siebenzehnter Auftritt

Siegmund allein.

Das geht gut. Julchen wird noch meine... Sie ist schön, reich und wohlgesittet, aufrichtig, edelgesinnt... Aber, Himmel, wenn Lottchen mein Vorhaben erfahren sollte! Würde sie mein Herz nicht verfluchen?.. . Doch nein. Sie ist sicher. Sie liebt mich... Aber was quält mich? Sind es die Schwüre, die ich ihr...? Unkräftige Schwüre der Treue, euch hört der Himmel nicht... O Julchen, wie reizend bist du! Dich zu besitzen, ist dies kein gerechter Wunsch?

Achtzehnter Auftritt

Siegmund. Lottchen.

Lottchen. Itzt kommen sie beide. Nun wollen wir's ihnen entdecken. Wie wird sich Julchen erfreuen, o wie wird sie sich erfreuen! Und Sie, mein Freund, Sie haben mich doch noch lieb? Vergeben Sie mir diese überflüssige Frage.

Siegmund. Ja, meine Schöne, ich liebe Sie ewig und bin durch Ihre Liebe für meine Treue unendlich belohnet. O könnte ich Sie doch vollkommen glücklich machen! (Er küßt sie.) Um dies Vergnügen muß mich ein Prinz beneiden. Hier kommen sie. Erlauben Sie, meine Schöne, der Papa wartet schon lange mit dem Kaffee auf mich. Er möchte ungehalten werden.

Neunzehnter Auftritt

Lottchen. Julchen. Damis.

Lottchen (zu Damis). Ich wollte Ihnen ein schönes, junges, liebenswürdiges Frauenzimmer mit einem Rittergute anbieten, wenn Sie Julchen wollen fahren lassen.

Julchen. Ist das die Neuigkeit?

Damis. Und wenn Ihr Frauenzimmer zehn Rittergüter hätte: so würde mir Julchen auch in einer Schäferhütte besser gefallen.

Julchen. Was reden Sie? Hören Sie doch Lottchen an. Wer weiß, wie glücklich Sie werden! Ich gönne es Ihnen und der andern Person. Lottchen, wer ist sie denn?

Lottchen. Es ist ein artiges Kind. Sie hat ein Rittergut für funfzigtausend Reichstaler. Sie ist wohlerzogen.

Julchen. So? Aber, wo... Wie heißt sie denn?

Lottchen. Sie ist fast so schön wie du.

Julchen. Das mag ich ja nicht wissen. Wenn ich schön bin: so wird mir's der Spiegel sagen. So muß keine Schwester mit der andern reden. Sage es dem Herrn Damis allein. Ich werde wohl nicht dabei nötig sein. (Sie will gehn.)

Damis. Ach, liebe Mamsell, gehn Sie noch nicht. Ich gehe mit Ihnen.

Julchen. Das wird sich nicht schicken. Das Frauenzimmer mit dem Rittergute, das sich in Sie verliebt hat, würde es sehr übelnehmen. Es ist gut, daß Sie sich bei mir in den Liebeserklärungen geübt haben. Nunmehr werden sie Ihnen wenig Mühe machen.

Lottchen. Höre nur, meine Schwester. Es kömmt erst darauf an, ob das Frauenzimmer dem Herrn Damis gefallen wird. Sie hat freilich schöne große blaue Augen, fast wie du; eine gefällige Bildung und eine recht erobernde Miene; kleine volle runde Hände. (Julchen sieht ihre Hände an.) Sie ist dem Herrn Damis gut; aber sie liebt auch die Freiheit.

Julchen. O ich weiß gar nicht, was du haben willst? Kurz, wie heißt denn das Frauenzimmer, die den Herrn Damis liebt?

Lottchen. Sie heißt ebenfalls, wie du, Julchen.

Julchen. Oh! du willst mich zum Kinde machen.

Lottchen. Nein, Julchen, ich kündige hiermit dir und deinem Liebhaber ein ansehnliches Glück an. Die selige Frau Muhme hat dir in ihrem Testamente ihr ganzes Rittergut vermacht. Herr Simon hat uns die Nachricht nur itzt gegeben, und ich habe ihn gebeten, daß er mir die Freude gönnen möchte, sie euch beiden zuerst zu hinterbringen. Meine liebe Schwester, ich wünsche dir tausend Glück zu deiner Erbschaft, und Ihnen, mein Freund, wünsche ich meine Schwester. Wie glücklich bin ich heute!

Julchen. Was? Das ganze Rittergut? Und dir nichts? Hätte sie es denn nicht teilen können? Ist es denn auch gewiß? Kann es nicht ein Mißverstand sein? Warum hat sie denn dir nichts vermacht?

Lottchen. Wenn sie dich nun lieber gehabt hat als mich. Genug, die Erbschaft ist deine und für dich bestimmt gewesen. Ich habe genug, wenn ich künftig ohne Kummer mit meinem Geliebten leben kann. Ach, Julchen, ich weiß, daß dem Papa ein jeder Augenblick zu lang wird, bis er dir seinen Glückwunsch abstatten kann. Ich habe ihn gebeten, dich nichts merken zu lassen, bis ich mit dir geredt hätte.

Damis. Ich erstaune ganz. Vielleicht wäre es ein Glück für mich, wenn kein Testament wäre. Ach, mein liebes Julchen, soll ich Sie verlieren?

Julchen. Lottchen, ich teile das Gut mit dir und dem Papa. Nein, ganz wünsche ich mir es nicht. Ich verdiene es auch nicht. Traurige Erbschaft!... Ich war unruhig vor dieser Nachricht, und ich bin noch nicht vergnügt. (Sie sieht den Damis an.) Und Sie, mein Herr...?

Damis. Und Sie, meine Schöne...?

Lottchen. Kommt, sonst geht die traurige Szene wieder an. Ich weiß, daß der Papa schon ein wenig geschmälet haben wird.

Zwanzigster Auftritt

Die Vorigen. Cleon.

Cleon. Ihr losen Kinder, wo bleibt ihr denn? Soll sich der Kaffee selber einschenken?

Lottchen. Schmälen Sie nicht, lieber Papa. Ihre Töchter sind in guten Händen. Wir waren gleich im Begriffe, zu Ihnen zu kommen.

Julchen. Ach, lieber Papa...

Cleon. Nun, was willst du? Soll ich dir zu deinem Glücke gratulieren? Ich habe vor Freuden schon darüber geweint. Hast du auch Gott für die reiche Erbschaft gedankt? Du gutes Kind. Ach Lottchen, geh doch und schenke dem Herrn Simon noch eine Tasse Kaffee ein. Er will alsdann gehn und sich um die Abschrift des Testaments bemühn. Sie, Herr Damis, sollen so gütig sein und ihm Gesellschaft leisten.

Damis. Von Herzen gern.

(Er geht mit Lottchen und Julchen, und der Vater winkt Julchen.)

Einundzwanzigster Auftritt

Cleon. Julchen.

Cleon. Nun, meine Tochter, wie steht es mit deinem Herzen? Es muß dir doch lieb sein, daß du ein Rittergut hast.

Julchen. Ja, deswegen, damit ich's Ihnen und meiner Schwester anbieten kann.

Cleon. Du gutes Kind! Behalte, was dein ist. Willst du deiner Schwester etwas geben; wohl gut. Ich werde schon, solange ich lebe, Brot in meinem kleinen

Hause haben. Aber, was spricht Herr Damis? Hat auch der eine Freude über deine Erbschaft?

Julchen. Meine Erbschaft scheint ihm sehr gleichgültig zu sein.

Cleon. Ja, ja, er hat freilich selber genug Vermögen. Aber du mußt auch bedenken, daß er dich gewählt hat, da du noch ein armes Mädchen warest. Ach, wenn du wissen solltest, wieviel Gutes mir der Herr Vormund itzt von ihm erzählet hat, du würdest ihn gewiß lieben! Ich habe immer gedacht, er wäre nicht gar zu gelehrt, weil er nicht so hoch redt wie mein Bruder, der Magister; allein, sein Vormund hat mich versichert, daß er ein rechter scharfsinniger Mensch wäre und mehr gute Bücher gelesen hätte, als Stunden im Jahre wären. Wer hätte das denken sollen?

Julchen. Daß er gelehrt ist, habe ich lange gewußt; allein daß ich's nicht bin, weiß ich leider auch. Vielleicht sucht er die Gelehrsamkeit bei einem Frauenzimmer und nicht ein Rittergut.

Cleon. Du redst artig. Da werden die Töchter studieren können wie die Söhne. Du kannst ja auf der Laute spielen. Du kannst schön singen. Du kannst dein bißchen Französisch. Du schreibst einen feinen Brief und eine gute Hand. Du kannst gut tanzen, verstehst die Wirtschaft und siehst ganz fein aus, bist ehrlicher Geburt, gesittet und fromm und nunmehr auch ziemlich reich. Was will denn ein Mann mehr haben? Herr Damis liebt dich gewiß. Mache, daß ich ihn bald Herr Sohn und dich Braut heißen kann.

Julchen. Braut? Das weiß ich nicht. Sollte er mich lieben? Papa, Sie haben mich wohl zu sehr gelobt. Meine Schwester kann ja ebensoviel und noch mehr als ich.

Cleon. Es ist itzt die Rede nicht von deiner Schwester. Sie hat ihren Herrn Siegmund und verlangt kein großes Glück. Gib ihr etwas von deinem Vermögen: so wird sie vollkommen zufrieden sein. Und so will ich sie gleich heute verloben. Oder möchtest du Herrn Siegmunden lieber zum Manne haben?

Julchen. Ich, Papa? Herrn Siegmunden? Wie kommen Sie auf die Gedanken? Wenn ich lieben wollte: warum sollte ich nicht den Herrn Damis lieben? Hat er nicht vielleicht noch mehr Verdienste als jener? Und wenn auch dieser liebenswürdiger wäre, da er es doch nicht ist, wie könnte ich ohne Verbrechen an ihn denken, da ihn meine Schwester und er sie so zärtlich liebt?

Cleon. So gefällst du mir. Ich bin ein rechter glücklicher Vater. (Er klopft sie auf die Backen.) Meine liebe schöne Tochter, bleibe bei den Gedanken. Du wirst wohl dabei fahren. Nicht wahr, du hast den Herrn Damis viel lieber als Herrn Siegmunden? Dieser scheint mir zuweilen ein bißchen leichtsinnig zu sein oder doch lose. Ich habe alleweile mit dem Herrn Simon von ihm gesprochen und allerhand...

Julchen. Papa, wenn ich mich zur Liebe entschließe: so gebe ich Ihnen mein Wort, daß ich einen Mann wähle, wie Herr Damis ist. Wenn ich nur nicht meine Freiheit dabei verlöre! Wenn ich nur wüßte, ob ich ihn etwan schon gar liebte! Nein, Papa, ich liebe ihn noch nicht. Ich habe eine so reiche Erbschaft getan, und gleichwohl bin ich nicht zufriedner. Ob ich etwan gar krank werde?

Cleon. Ja, wohl kann man vor Liebe krank werden. Aber die Gegenliebe macht wieder gesund. Ich spräche ja, wenn ich wie du wäre, damit ich der Krankheit zuvorkäme.

Julchen. Ach! Papa.

Cleon. Ach! Du sollst nicht "Ach", du sollst "Ja" sprechen. Du gefällst ihm ganz ausnehmend. Er wird dich wie sein Kind lieben.

Julchen. Aber werde ich ihm stets gefallen?

Cleon. Das kannst du denken. Woran stößt sich denn dein Herz noch? Befürchtest du denn gar, daß er dir künftig untreu werden möchte? Nimmermehr! Der Herr Vormund hat mir gesagt, daß dein Liebster sehr viel Religion hätte und oft zu sagen pflegte, daß er kein Mensch sein möchte, wenn er nicht zugleich ein Christ sein sollte. Er wird dich gewiß zeitlebens für gut halten. Er wird seine Schwüre nicht brechen.

Julchen. Ich höre keine Schwüre von ihm. Würde er seine Liebe nicht beteuern, wenn er mich...?

Cleon. Das ist schön, daß er nicht schwört. Um desto mehr kannst du auf sein Wort bauen. Das öffentliche Versprechen ist eben der Schwur in der Liebe. Und diesen Schwur will er heute tun, wenn du ihn zugleich tun willst.

Julchen. Papa, ich bin unentschlossen und ungeschickt, die Sache recht zu überlegen. Lassen Sie mir noch Zeit.

Cleon. Bis auf den Abend bei Tische sollst du Zeit haben. Alsdann sprich "Ja" oder "Nein". Die Sache ist ernstlich gemeint. Ich habe dir mein Herz entdeckt. Du hast meine Einwilligung. Mache es, wie du willst. Komm, dein Liebster wird sich schon recht nach dir umgesehen haben. Die beiden schwarzen Pflästerchen lassen recht hübsch zu deinem Gesichte. Bist du denn etwan ausgefahren?

Julchen. Ja, ich habe zu Mittage ein Glas Wein getrunken.

Cleon. Nun, nun, es wird schon wieder vergehen, ehe du mir einen Gevatterbrief schickst. Komm und führe mich bei der Hand. Ich möchte gern einmal von einer Braut geführet werden.

(Ende des zweiten Aufzugs.)

Dritter Aufzug

Erster Auftritt

Siegmund. Julchen.

Julchen. Was sagen Sie mir? Das glaube ich in Ewigkeit nicht.

Siegmund. Ich aber glaube es.

Julchen (bestürzt). Hat er es Ihnen denn selbst gesagt? Ich Unglückliche!

Siegmund. Er hat mir's nicht mit deutlichen Worten gesagt: aber es ist gewiß, daß er Ihnen Lottchen weit vorzieht. Ich wollte ihm diese Beleidigung, so groß sie auch ist, gern vergeben, wenn er nur Sie nicht zugleich beleidigte. Ich bedaure Sie, mein Engel. Ich weiß, Sie meinen es aufrichtig und werden meine Redlichkeit dadurch belohnen, daß Sie dem Unbeständigen wenigstens meinen Namen verschweigen.

Julchen. War dies die Ursache seiner Traurigkeit? Der Treulose! Was hat er für Vorteil davon, ein unerfahrnes Herz zu betrügen? Wenn er mir aus Rache das Leben hätte nehmen wollen: so würde ich ihn noch nicht hassen. Aber daß er mich unter der Maske der Liebe und Aufrichtigkeit hintergeht, ist die schandbarste Tat.

Siegmund. Er wird es leugnen, denken Sie an mich.

Julchen. Der Verräter! Ja, er soll es leugnen. Ich mag dieses Verbrechen nie aus seinem Munde erfahren. Ich will ihn nicht bestrafen. Nein! Sein Gewissen wird mich rächen... Wie? Er? dem ich heute mein Herz schenken... doch nein, ich habe ihn nicht geliebt. Aber hat er nicht tausendmal gesagt, daß er mich liebte? Hält man sein Wort unter den Männern nicht besser?

Siegmund. O meine Freundin, lassen Sie das Verbrechen eines einzigen nicht auf unser ganzes Geschlecht fallen. Sollten Sie mein Herz sehen! Ja... auch der Zorn macht Sie noch liebenswürdiger.

Julchen. Verlassen Sie mich, liebster Freund. Ich will... Und du, meine Schwester, du schweigst? Und alles dies tust du, o Liebe, du Pest der Menschen!... Verlassen Sie mich. Ich verspreche Ihnen bei meiner Ehre, Ihren Namen nicht zu entdecken und Ihre Aufrichtigkeit zeitlebens zu belohnen. Aber kommen Sie bald wieder hieher.

Siegmund. Sobald, als ich glaube, daß sich Ihre Hitze etwas gelegt haben wird.

Zweiter Auftritt

Julchen. Damis.

Julchen (die ihn in der Hitze nicht kommen sieht). Eben zu der Zeit, da er mir die teuresten Versicherungen der Liebe gibt, wird er auch untreu...? Und ich, ich kann ihn noch nicht hassen? Bin ich bezaubert?

Damis. Allerliebstes Kind, sehen Sie mich denn nicht? Mit wem reden Sie?

Julchen. Mit einem Betrüger, den ich geliebt haben würde, wenn ich weniger von ihm erfahren hätte. (Gelinder.) Ist es Ihnen möglich gewesen, mich zu hintergehn? Mich? die ich schon anfing, Sie im Herzen allen Personen Ihres Geschlechts vorzuziehn? Warum handeln Sie so grausam und erwecken eine Neigung in mir, die ich verabscheuen muß, nachdem ich sie gefühlt habe? Doch um Ihnen zu zeigen, was Sie für ein Herz hintergangen haben: so sage ich Ihnen, daß ich Sie niemals hassen, daß ich mich vielmehr bemühen werde, Ihren Fehler vor mir selbst zu verbergen.

Damis. Ich Unglücklicher! Ist der Betrüger der Name, den ich verdiene? Ich entschuldige mich nicht einen Augenblick, erzürnte Freundin. Ich sage Ihnen vielmehr mit dem Stolze eines guten Gewissens, daß mein Herz gar keines Betrugs fähig ist. Ich verlange es auch nicht zu wissen, wer Ihnen die übele Meinung beigebracht hat. Die Zeit wird mich schon rechtfertigen.

Julchen. Und Sie sprechen noch mit so vielem Stolze?

Dritter Auftritt

Die Vorigen. Lottchen.

Damis (zu Lottchen). Kommen Sie, meine Freundin, und fangen Sie an, mich zu hassen. Ich soll meine Juliane hintergangen haben.

Lottchen. Haben Sie sich beide schon ein wenig gezankt? Vermutlich über die ersten Küsse.

Damis (zu Julchen). Verklagen Sie mich doch bei Ihrer Jungfer Schwester. Sagen Sie ihr doch mein Verbrechen.

Julchen. Vielleicht fände ich da die wenigste Hülfe.

Lottchen. Ach, Julchen, wenn die selige Frau Muhme es hätte wissen sollen, daß du dich an dem Tage deiner Verlobung mit deinem Bräutigam zanken würdest: sie hätte dir nicht einen Ziegel von ihrem Rittergute vermacht. Ich habe die gute Hoffnung, daß der Krieg nicht lange dauern wird. Dein Herz ist von Natur friedfertig, wenngleich die Liebe etwas zänkisch ist.

Julchen. O scherze nicht.

Lottchen (zu Damis). Sehn Sie nur Ihre liebe Braut recht an. Haben Sie sie durch eine kleine Liebkosung erbittert gemacht: so wollte ich Ihnen den Rat geben, sie durch zwo neue zu besänftigen. Julchen, rede wenigstens mit mir, wenn es Herr Damis nicht verdient. Oder wenn er dich ja beleidiget hat: so laß dir den Kuß wiedergeben: so seid ihr geschiedene Leute. Was habt ihr denn miteinander?

Julchen. Was wir miteinander haben? Das werde ich in deiner Gegenwart nicht sagen können. Ich glaube zwar gar nicht, daß du ihm Gelegenheit gegeben hast. Und was kann er dafür, daß du liebenswürdiger bist als ich? Auch sein Vergehn ist noch ein Verdienst. Er würde dich nicht lieben, wenn er nicht die größten Vorzüge zu lieben gewohnt wäre. Ich entschuldige ihn selbst.

Lottchen. Du gutes Kind! Also bin ich deine Nebenbuhlerin! Du dauerst mich in Wahrheit. Ich will dir das ganze Geheimnis eröffnen. Kommen nicht die Beschuldigungen wider deinen Liebhaber von Herrn Siegmunden her? Ich kann mir's leicht einbilden. Er hat sich in dich verliebt stellen sollen, um dich zu überführen, daß du vielleicht schon liebtest. Er wird also die List gebraucht und dich beredt haben, daß Herr Damis mich liebte. Vergib ihm diesen Scherz. Er hat seine Rolle gar zu gut gespielt.

Julchen. Er tat sehr ernstlich und...

Damis (zu Julchen). Sehn Sie, was ich für ein betrügerisches Herz habe?

Julchen. Aber...

Damis. Sie können noch ein Mißtrauen in mich setzen? Wie wenig müssen Sie mich kennen!

Julchen. Ich? mein Herr...

Damis. Ist das der Lohn für meine Liebe?

Julchen. Der Lohn? Hassen Sie mich denn? Würde ich eifersüchtig geworden sein, wenn ich nicht... Also haben Sie mich nicht hintergangen? Ja, mein ganzes Herz hat für Sie gesprochen.

Lottchen. Du hast dich fangen lassen, meine gute Schwester. Und ich merke, daß es dir schon weh tut, daß du deinen Geliebten wegen deiner Hitze noch nicht um Vergebung gebeten hast. Ich will es an deiner Stelle tun. (Zum Damis.) Mein Herr, sein Sie so gütig und vergeben Sie es Julchen, daß Sie zärtlicher von ihr geliebt werden, als Sie gedacht haben.

Julchen. Nein, wenn ich mich geirrt habe: so bitte ich Ihnen meinen Fehler freiwillig ab.

Damis. Aber lieben Sie mich denn auch?

Julchen. Ja. Nunmehr weiß ich's gewiß, daß ich Sie liebe. Und nunmehr bin ich bereit, dieses Bekenntnis vor meinem Vater und Ihrem Herrn Vormunde zu wiederholen, wenn Ihre Wünsche dadurch befriediget werden.

Damis. Meine Juliane! Ich bin zu glücklich.

Julchen. Wenn ich Ihr Herz noch nicht hätte: so würde ich nunmehr selbst darum bitten, so hoch schätze ich's.

Damis. Vortreffliche Juliane! Ich bin... Doch es ist mir kein Gedanke anständig genug für Sie. Dieses ist es alles, was ich Ihnen in der Entzückung antworten kann.

Lottchen. Meine liebe Schwester (sie umarmt Julchen), deine Liebe sei ewig glücklich! Sei mir ein Beispiel der Zärtlichkeit und der Zufriedenheit. (Zum Damis.) Und Sie, mein lieber Herr Bruder, sollen so glücklich sein, als ich meine Schwester zu sehn wünsche. Bleiben Sie ein Freund meines Freundes, und befördern Sie unsere Ruhe durch Ihre Aufrichtigkeit. Kommen Sie, wir wollen zu unserm ehrlichen Vater gehn. Wie froh wird der fromme Alte nicht sein, wenn er Julchens Entschluß hört! Doch ich sehe den Herrn Vormund kommen. Gehn Sie, ich will das Vergnügen haben, diesem rechtschaffenen Mann, der mir heute eine freudige Post gebracht hat, auch die erste Nachricht von der Gewißheit Ihrer beiderseitigen Liebe zu geben.

(Julchen und Damis gehn ab.)

Vierter Auftritt

Lottchen. Simon.

Simon. Endlich habe ich die Ehre, Ihnen die Abschrift von dem Testamente zu bringen. Ich habe sie selbst geholet. Wollen Sie unbeschwert diesen Punkt lesen? (Er reicht ihr die Abschrift.)

Lottchen (sie liest). Wie? Ich bin die Erbin des Ritterguts? Ich?

Simon. Ja, Sie sind es, Mamsell, und nicht Ihre Jungfer Schwester. Der Herr Hofrat, der mir die erste Nachricht gegeben, muß sich entweder geirret oder diese kleine Verwirrung mit Fleiß angerichtet haben, um seiner Jungfer Pate eine desto größere Freude zu machen. Genug, es ist nunmehr gewiß, daß Sie die Erbin des Ritterguts sind, und kein Mensch kann Ihnen dieses Glück aufrichtiger gönnen, als ich tue. Sie verdienen noch weit mehr.

Lottchen. O das ist ein trauriges Glück! Wird nicht meine liebe Schwester darüber betrübt werden? Wird nicht Ihr Herr Mündel...?

Simon. Waren Sie doch viel zufriedner, da ich Ihnen die erste und nunmehr falsche Nachricht brachte. Lesen Sie doch nur weiter. Sie sind die Erbin des Ritterguts, aber Sie sollen Jungfer Julchen zehntausend Taler abgeben, sobald sie heiraten wird.

Lottchen. Nun bin ich zufrieden. Sie soll noch mehr haben als zehntausend Taler, wenn sie sich nur nicht über ihren Verlust kränkt. O was für Bewegungen fühle ich in meiner Seele! Und was werde ich erst da empfinden, wenn ich meinen Geliebten vor Freuden über mein Glück erschrecken sehe? O wie schön wird er erschrecken! Gott, wie glücklich bin ich! Wenn nur meine liebe Schwester nicht unruhig wird.

Fünfter Auftritt

Die Vorigen. Siegmund.

Siegmund. Jungfer Julchen hat, wie ich gleich gehört, endlich ihr Ja von sich gegeben? Ist es gewiß? Das ist mir sehr angenehm.

Lottchen (zu Simon). Ja, sie hat sich nach dem Wunsche Ihres Herrn Mündels erklärt und wird die Ehre haben, Sie um einen Bräutigam zu bitten, der unter Ihren Händen so liebenswürdig geworden ist. Aber, mein Liebster, hier ist die Abschrift von dem Testamente. Geht es Ihnen nicht ein wenig nahe, daß die Frau Muhme uns beide vergessen hat?

Siegmund. Nein, nicht einen Augenblick. Sie sind mir mehr als ein reiches Testament.

Lottchen. Aber wenn uns Julchen etwas von ihrer Erbschaft anbieten sollte, wollen wir's annehmen?

Siegmund. Da sie nicht mehr über ihr Herz zu gebieten hat: so hat sie auch nicht über ihr Vermögen zu befehlen.

Simon. O mein Herr, Sie können versichert sein, daß ihr mein Mündel die völlige Freiheit lassen wird, freigebig und erkenntlich zu sein. Er sucht seinen Reichtum nicht in dem Überflusse, sondern in dem Gebrauche desselben. Er würde Julchen gewählt haben, wenn sie auch keine Erbschaft getan hätte. Und vielleicht wäre es ihm gar lieber, wenn er ihr Glück durch sich allein hätte machen können. Wir wollen wünschen, daß alle Liebhaber so edel gesinnt sein mögen als er.

Lottchen. Hören Sie, Herr Siegmund, was wir für einen großmütigen Bruder bekommen haben?

Siegmund. Er macht seinem Herrn Vormunde und uns die größte Ehre.

Simon. Ja, ich bin in der Tat stolz auf ihn. Er ist von seinem zehnten Jahre an in meinem Hause gewesen und hat bis auf diese Stunde alle meine Sorgfalt für ihn so reichlich belohnet und mir so vieles Vergnügen gemacht, daß ich nicht weiß, wer dem andern mehr Dank schuldig ist.

Lottchen. Dieses ist ein Lobspruch, den ich niemanden als dem Bräutigam meiner Schwester gönne. Und wenn mein Papa sterben sollte: so würde ich Ihr Mündel sein, um ebendieses Lob zu verdienen. O was ist der Umgang mit großen Herzen für eine Wollust! Aber, Herr Simon, darf ich in Ihrer Gegenwart eine Freiheit begehen, die die Liebe gebeut und rechtfertiget? Ja, Sie sind es würdig, die Regungen meiner Seele ohne Decke zu sehen. (Sie geht auf Siegmund zu und umarmet ihn.) Endlich, mein Freund, bin ich so glücklich, Ihren Umgang und Ihre Treue gegen mich durch ein unvermutetes Schicksal zu belohnen. Sie haben mich als ein armes Frauenzimmer geliebt. Die Vorsicht hat mich heute mit einer Erbschaft beschenkt, die ich nicht rühmlicher anzuwenden weiß, als wenn ich sie in Ihre Hände bringe. Ich weiß, Sie werden es mir und der Tugend davon wohlgehen lassen. Hier ist eine Abschrift des Testaments, worin ich zur Erbin erkläret bin, anstatt daß es meine liebe Schwester nach unserer Meinung war. Kurz, die Erbschaft ist Ihre, und ein Teil von zehntausend Talern gehört Julchen. Fragen Sie nunmehr Ihr Herz, was Sie mit mir anfangen wollen.

Siegmund. Ohne Ihre Liebe ist mir Ihr Geschenke sehr gleichgültig.

Lottchen. Eben deswegen verdienen Sie's. Fehlt zu Ihrem Glücke nichts als meine Liebe: so können Sie nie glücklicher werden.

Siegmund. Ach, meine Schöne, wie erschrecke ich! Sie machen, daß man die Liebe und das Glück erst hochschätzt. O warum kann nicht die ganze Welt Ihrer Großmut zusehen! Sie würden auch den niederträchtigsten Seelen liebenswürdig vorkommen und ihnen bei aller Verachtung der Tugend den Wunsch auspressen, daß sie Ihnen gleichen möchten. Ich danke es der Schickung ewig, daß sie mir Ihren Besitz zugedacht hat. Und ich eile mit Ihrer Erlaubnis zu Ihrem Herrn Vater, um ihn nunmehr...

Sechster Auftritt

Die Vorigen. Ein Bedienter.

Der Bediente (zu Lottchen). Hier ist ein Brief an Sie, Mamsell. Er kömmt von der Post.

Lottchen. Ein Brief von der Post?

Siegmund. Ja, ich habe den Briefträger selbst auf dem Saale stehen sehen, ehe ich hereingekommen bin.

Lottchen. Wollen Sie erlauben, meine Herren, daß ich den Brief in Ihrer Gegenwart erbrechen darf?

Simon. Ich will indessen meinem lieben Mündel meinen Glückwunsch abstatten.

Siebenter Auftritt

Lottchen. Siegmund.

Lottchen (indem sie den Brief für sich gelesen hat). O mein Freund, man will mir mein Glück sauermachen. Man beneidet mich, sonst würde man Sie nicht verkleinern. Es ist ein boshafter Streich; er ist mir aber lieb, weil ich Ihnen einen neuen Beweis meines Vertrauens und meiner Liebe geben kann. Ich will Ihnen den Brief lesen. Er besteht, wie Sie sehen, nur aus zwo Zeilen. (Sie liest.) "Mamsell, trauen Sie Ihrem Liebhaber, dem Herrn Siegmund, nicht. Er ist ein Betrüger. N. N."

Siegmund. Was? Ich ein Betrüger?

Lottchen (sie nimmt ihn bei der Hand). Ich weiß, daß Sie groß genug sind, dieses hassenswürdige Wort mit Gelassenheit anzuhören. Es ist ein Lobspruch für Sie. Ich verlange einen solchen Betrüger, als Sie sind, mein Freund.

Siegmund. Aber wer muß mir diesen boshaften Streich an dem heutigen Tage spielen? Wie? Sollte es auch Herr Simon selbst sein? Liebt er Sie vielleicht? Macht ihn Ihre Erbschaft boshaft? Warum ging er, da der Brief kam? Soll ich ihm dieses Laster vergeben? Wenn er mir meinen Verstand, meinen Witz abgesprochen hätte: so würde ich ihm für diese Demütigung danken; aber daß er mir die Ehre eines guten Herzens rauben will, das ist ärger, als wenn er mir Gift hätte geben wollen. Ich?... Ich, ein Betrüger? Himmel, bringe es an den Tag, wer ein Betrüger ist, ich oder der, der diesen Brief geschrieben hat! Ist das der edelgesinnte Vormund?

Lottchen. Ich bitte Sie bei Ihrer Liebe gegen mich, beruhigen Sie sich. Verschonen Sie den Herrn Vormund mit Ihrem Verdachte. Es ist nicht möglich, daß er eine solche Niederträchtigkeit begehen sollte. Sein Charakter ist edel. Wer weiß, was Sie sonst für einen Feind haben, der von unserer Liebe und von meiner Erbschaft heute Nachricht bekommen hat.

Siegmund. Sie entschuldigen den Vormund noch? Hörten Sie nicht den boshaften Ausdruck: Wir wollen wünschen, daß alle Liebhaber so edel gesinnt sein mögen als mein Mündel? Ist dieses nicht eine unverschämte Anklage wider mich?

Lottchen. Ich sage Ihnen, daß Sie mich beleidigen, wenn Sie ihn noch einen Augenblick in Verdacht haben. So, wie ich ihn kenne und wie mir ihn sein Mündel beschrieben hat: so ist er ein Mann, dem man sein Leben, seine Ehre und alles vertrauen kann.

Siegmund. Aber sollte er nicht unerlaubte Absichten haben? Ich habe gemerkt, daß er sehr genau auf Ihr ganzes Bezeigen, bis auf das geringste Wort Achtung gegeben hat. Es kömmt noch ein merkwürdiger Umstand dazu. Er hat in dem Billette an Ihren Herrn Vater schon triumphieret, daß er heute eine erfreuliche

Nachricht vom Hofe erhalten hätte. Und er hat es dem Herrn Vater auch schon entdeckt; aber mir nicht.

Lottchen. Ich beschwöre Sie bei Ihrer Aufrichtigkeit, lassen Sie diesen Mann aus dem Verdachte.

Siegmund. Warum hat er mir nicht gesagt, daß man ihm vom Hofe einen vornehmen Charakter und eine ungewöhnliche Pension gegeben hat? Was sucht er darunter, wenn er nicht mein Unglück bei Ihnen sucht?

Lottchen. Ich vergebe Ihren Fehler Ihrer zärtlichen Liebe zu mir. Außerdem würde ich Sie nicht länger anhören. Wir wollen die Sache zu unserm Vorteile enden. Ihre Feinde mögen sagen, was sie wollen. Sie sind bestraft genug, daß sie Ihren Wert nicht kennen. Und wir können uns nicht besser rächen, als daß wir uns nicht die geringste Mühe geben, sie zu entdecken. Lassen Sie Ihren Zorn hier verfliegen. Ich komme in der Gesellschaft meines Vaters und der übrigen gleich wieder zu Ihnen, unser Bündnis in den Augen unserer Feinde sicher zu machen.

Achter Auftritt

Siegmund allein.

Das war ein verfluchter Streich! Aber er macht mich nur mutiger. Julchen ist verloren... Gut, ist doch Lottchen, ist doch das Rittergut mein... Ich bin nicht untreu gewesen. Nein! Ich habe es nur sein wollen; aber ich war zu edel, als daß mich's die Umstände hätten werden lassen. Aber wo bleibt Lottchen? Hat sie gar meine Untreue erfahren? Ich will sie sicher machen.

Neunter Auftritt

Julchen. Damis.

Julchen. "Wo bleibt Lottchen? Hat sie gar meine Untreue erfahren? Ich will sie sicher machen." Der Boshafte! Hörten Sie sein Bekenntnis? Wir wollten sehen, wie er sich nach diesem Briefe aufführen würde. O hätten wir diese unglückselige Entdeckung doch niemals gemacht! Du arme Schwester! Du verbindest dich mit einem Menschen, der ein böses Herz bei der Miene der Aufrichtigkeit hat.

Damis. Ja, es ist ein nichtswürdiger Freund, wie ich Ihnen gesagt habe. Er hat den größten Betrug begangen. Ich bitte ihn heute Vormittage, wie man einen Bruder bitten kann, daß er mir Ihre Liebe sollte gewinnen helfen. Und statt dessen bittet er Ihren Herrn Vater, unsere Verlobung noch acht Tage aufzuschieben, und will ihn bereden, als ob Sie, meine Braut, ihn selbst liebten. Ist das mein Freund, dem ich mehr als einmal mein Haus und mein Vermögen angeboten habe?

Julchen. Mich hat er bereden wollen, daß Sie meiner Schwester gewogener wären als mir. Nunmehro weiß ich gewiß, daß es keine Verstellung gewesen. Aber meine arme Schwester wird es doch denken, weil sie ihm diese List aus gutem Herzen aufgetragen hat. Wer soll ihr ihren Irrtum entdecken? Wird sie uns hören? Und wenn sie es glaubt, überführen wir sie nicht von dem größten Unglücke! Wie dauret sie mich!

Damis. Ja. Aber sie muß es doch erfahren, und wenn Sie schweigen, so rede ich.

Julchen. Ach, bedenken Sie doch das Elend meiner lieben Schwester! Schweigen Sie. Vielleicht... Vielleicht ist er nicht von Natur boshaft, vielleicht hat ihn nur meine Erbschaft...

Damis. Es habe ihn, was auch immer wolle, zur Untreue bewogen: so ist er in meinen Augen doch allemal weniger zu entschuldigen als ein Mensch, der den andern aus Hunger auf der Straße umbringt. Hat ihn die ausnehmende

Zärtlichkeit, die ganz bezaubernde Unschuld, die edelste Freundschaft Ihrer Jungfer Schwester nicht treu und tugendhaft erhalten können: so muß es ihm nunmehr leicht sein, um eines Gewinstes willen seinen nächsten Blutsfreund umzubringen und die Religion der geringsten Wollust wegen abzuschwören.

Julchen. Aber ach, meine Schwester... Tun Sie es nicht. Ich zittre.. .

Damis. Meine Braut, Sie sind mir das Kostbarste auf der Welt. Aber ich sage Ihnen, ehe ich Lottchen so unglücklich werden lasse, sich mit einem Nichtswürdigen zu verbinden: so will ich mein Vermögen, meine Ehre und Sie selbst verlieren. Ich gehe und sage ihr alles, und wenn sie auch ohne Trost sein sollte. Mein Herr Vormund hat das Billett an Lottchen auf meine Bitte schreiben und auf die Post bringen lassen. ihr ehrlicher Vater und der Magister, die Siegmund beide für zu einfältig gehalten, haben seine tückischen Absichten zuerst gemerkt, und ihr Herr Vater hat sie meinem Vormunde vertraut. Dieser haßt und sieht die kleinsten Betrügereien.

Julchen. Ist er denn gar nicht zu entschuldigen?

Damis. Nein, sage ich Ihnen. Wir haben alles untersucht. Er ist ein Betrüger. (Mit Bitterkeit.) Ich habe in meinem Leben noch kein Tier gern umgebracht; aber diesen Mann, wenn er es leugnen und Lottchen durch seine Verstellung unglücklich machen sollte, wollte ich mit Freuden umbringen. Was? Wir Männer wollen durch den häßlichsten Betrug das Frauenzimmer im Triumph aufführen, das wir durch unsere Tugend ehren sollten?

Julchen. Was soll aber meine Schwester mit dem Untreuen anfangen?

Damis. Sie soll ihn mit Verachtung bestrafen. Sie soll ihn fühlen lassen, was es heißt, ein edles Herz hintergehn.

Julchen. Wenn ihm aber meine Schwester verzeihen wollte. Wäre das nicht auch großmütig?

Damis. Sie braucht ihn nicht zu verfolgen. Sie kann alle Regungen der Rache ersticken und sich doch seiner ewig entschlagen. Er ist ein Unmensch.

Zehnter Auftritt

Die Vorigen. Simon.

Simon. Ich stehe die größte Qual aus. Unsere Absicht mit dem Briefe schlägt leider fehl. Sie liebt ihn nur desto mehr, je mehr sie ihn für unschuldig hält. Sie dringt in ihren Vater, daß er die Verlobung beschleunigen soll. Dieser gute Alte liebt seine Tochter und vergißt vielleicht in der großen Liebe die Vorsichtigkeit und meine Erinnerungen. Wenn es niemand wagen will, sich dem Sturme preiszugeben: so will ich's tun.

Damis. Ich tue es auch.

Julchen. Wenn nur meine Schwester käme. Ich wollte... Aber sie liebt ihn unaussprechlich. Was wird ihr Herz empfinden, wenn es sich auf einmal von ihm trennen soll?

Simon. Es wird viel empfinden. Sie liebt ihn so sehr, als man nur lieben kann. Aber sie liebt ihn deswegen so sehr, weil sie ihn der Liebe wert hält. Sobald sie ihren Irrtum sehen wird: so wird sich die Vernunft, das Gefühl der Tugend und das Abscheuliche der Untreue wider ihre Liebe empören und sie verdringen. Der Haß wird sich an die Stelle der Liebe setzen. Wir müssen alle drei noch einmal mit ihr und dem Herrn Vater sprechen, ehe er sie um das Ja betrügt.

Julchen. Du redliche Schwester! Könnte ich doch dein Unglück durch Wehmut mit dir teilen! Wie traurig wird das Ende dieses Tages für mich!

Simon. Betrüben Sie sich nicht über den Verlust eines solchen Mannes. Lottchen ist glücklich, wenn sie ihn verliert, und unglücklich, wenn sie ihn behält. Herr Damis, haben Sie die Güte und sehen Sie, wie Sie Lottchen einen Augenblick von ihrem Liebhaber entfernen und hieherbringen können.

Damis. Ja, das ist das letzte Mittel.

Simon (zu Damis). Noch ein Wort. Haben Sie die Abschrift des Testaments schon gelesen, die ich itzt mitgebracht habe?

Damis. Nein, Herr Vormund.

Simon. Sie auch nicht, Mamsell Julchen?

Julchen. Nein.

Simon. Also wissen Sie beide noch nicht, daß die erste Nachricht falsch gewesen ist. Mamsell Julchen, erschrecken Sie nicht. Sie sind nicht die Erbin des Ritterguts.

Julchen. Wie? Ich bin's nicht? Warum haben Sie mir denn eine falsche Freude gemacht? Das ist betrübt. Geht denn heute alles unglücklich? Ach, Herr Damis, Sie sagen nichts? Bin ich nicht mehr Ihre Braut? Geht denn das Unglück gleich mit der Liebe an? Ich wollte meinen Vater und meine liebe Schwester mit in mein Gut nehmen. Ich ließ schon die besten Zimmer für sie zurechtemachen. Ach, mein Herr, was für Freude empfand ich nicht, wenn ich mir vorstellte, daß ich Sie an meiner Hand durch das ganze Gut, durch alle Felder und Wiesen führte... ! Also habe ich nichts?

Damis. Sie haben so viel, als ich habe. Vergessen Sie die traurige Erbschaft. Es wird uns an nichts gebrechen. Mir ist es recht lieb, daß Sie das Rittergut nicht bekommen haben. Vielleicht hätte die Welt geglaubt, daß ich bei meiner Liebe mehr auf dieses als auf Ihren eigenen Wert gesehen hätte. Und dies soll sie nicht glauben. Sie soll meine Braut aus ebender Ursache hochschätzen, aus der ich sie verehre und wähle. Führen Sie mich an Ihrer Hand in meinem eigenen Hause herum: so werden Sie mir ebendas Vergnügen machen. Genug, daß Sie ein Rittergut verdienen. O wenn ich nur Lottchen aus ihrem Elende gerissen hätte. Ich werde eher nicht ruhig.

Simon. Jungfer Lottchen ist die Erbin des Ritterguts.

Julchen. Meine Schwester ist es? Meine Schwester? Bald hätte ich sie beneidet; aber verwünscht sei diese Regung! Nein! Ich gönne ihr alles. (Zu Damis.) Was könnte ich mir noch wünschen, wenn Sie mit mir zufrieden sind. Sie soll es haben. Ich gönne ihr alles.

Damis. Auch mich, meine Braut?

Julchen. Ob ich Sie meiner Schwester gönne? Nein, so redlich bin ich doch nicht. Es ist keine Tugend; aber... Fragen Sie mich nicht mehr.

Damis. Nein. Ich will Mamsell Lottchen suchen. Die Zärtlichkeit soll der Freundschaft einige Augenblicke nachstehen.

Elfter Auftritt

Julchen. Simon.

Julchen. Ob ich ihn meiner Schwester gönne? Wie könnte sie das von mir verlangen? Sie hat ja das Rittergut. Ich liebe sie sehr; aber wenn ich ihre Ruhe durch den Verlust des Herrn Damis befördern soll: so fordert sie zu viel. Das ist mir nicht möglich.

Simon. Machen Sie sich keine Sorge. Sie wird es gewiß nicht begehren. Ich muß Ihnen auch sagen, daß sie Ihnen nach dem Testamente zehntausend Taler zu Ihrer Heirat abgeben soll.

Julchen. Das ist alles gut. Wenn ich nur meiner Schwester ihren Liebhaber durch dieses Geld treu machen könnte, wie gern wollte ich's ihm geben! Der böse Mensch! Kann er nicht machen, daß ich den Herrn Damis verliere, indem er Lottchen verliert? Aber warum läßt der Himmel solche Bosheiten zu? Was kann denn ich für seine Untreue? Ich bin ja unschuldig.

Simon. Mein Mündel kann niemals aufhören, Sie zu lieben. Verlassen Sie sich auf mein Wort. Jungfer Lottchen ist zu beklagen. Aber besser ohne Liebe leben, als unglücklich lieben. Wenn sie doch käme!

Julchen. Aber wenn sie nun kömmt? Ich kann ja ihre Ruhe nicht herstellen. Ich habe sie herzlich lieb. Aber warum soll denn meine Liebe mit der ihrigen leiden? Nein, so großmütig kann ich nicht sein, daß ich ihr zuliebe mich und... mich und ihn vergäße. Wenn sie doch glücklich wäre! Ich werde recht unruhig. Er sagte, er wollte die Zärtlichkeit der Freundschaft nachsetzen. Was heißt dieses?

Simon. Bleiben Sie ruhig. Mein Mündel ist der Ihrige. Sie verdienen ihn. Und wenn Sie künftig an seiner Seite die Glückseligkeiten der Liebe genießen: so verdanken Sie es der Tugend, daß sie uns durch Liebe und Freundschaft das Leben zur Lust macht.

Zwölfter Auftritt

Die Vorigen. Der Magister.

Der Magister. Herr Simon, ich möchte Ihnen gern ein paar Worte vertrauen. Wenn ich nicht sehr irre: so habe ich heute eine wichtige Entdeckung gemacht, was die Reizungen der Reichtümer für Gewalt über das menschliche Herz haben.

Simon. Ich fürchte, daß mir diese unglückliche Entdeckung schon mehr als zu bekannt ist.

Der Magister. Ich habe der Sache alleweile auf meiner Studierstube nachgedacht.

Julchen. Können Sie uns denn sagen, wie ihr zu helfen ist? Tun Sie es doch, lieber Herr Magister.

Der Magister. Siegmund muß bestraft werden, damit er gebessert werde.

Simon. Er verdient nicht, daß man ihn anders bestrafe als durch Verachtung.

Der Magister. Aber wie sollen seine Willenstriebe gebessert werden?

Simon. Ist denn die Verachtung kein Mittel, ein Herz zu bessern?

Der Magister. Das will ich itzt nicht ausmachen. Aber sagen Sie mir, Herr Simon, ob die Stoiker nicht recht haben, wenn sie behaupten, daß nur ein Laster ist; oder daß, wo ein Laster ist, die andern alle ihrer Kraft nach zugegen sind? Sehn Sie nur Siegmunden an. Ist er nicht recht das Exempel zu diesem Paradoxo?

Simon. Ja, Herr Magister. Aber wie werden wir Jungfer Lottchen von der Liebe zu Siegmunden abbringen? Sie glaubt es ja nicht, daß er untreu ist.

Der Magister. Das wird sich schon geben. O wie erstaunt man nicht über die genaue Verwandtschaft, welche ein Laster mit dem andern hat und welche alle mit einem haben! Siegmund wird bei der Gelegenheit des Testaments geizig. Ein Laster. Er strebt nach Julchen, damit er ihre Reichtümer bekomme. Welcher schändliche Eigennutz! Er wird Lottchen untreu und will Julchen untreu machen. Wieder zwei neue Verbrechen. Er kann sein erstes Laster nicht ausführen, wenn er nicht ein Betrüger und Verräter wird. Also hintergeht er seinen Freund, seinen Schwiegervater, Sie, mich und alle, nachdem er einmal die Tugend hintergangen hat. Aber alle diese Bosheiten auszuführen, mußte er ein Lügner und ein Verleumder werden. Und er ward es. Welche unselige Vertraulichkeit herrscht nicht unter den Lastern? Sollten also die Stoiker nicht recht haben?

Simon. Wer zweifelt daran? Herr Magister. Ich glaube es, daß Sie die Sache genauer einsehen als ich und Jungfer Julchen. Sie reden sehr wahr, sehr gelehrt.

Sie haben seine Untreue zuerst mit entdeckt, und wir danken Ihnen zeitlebens dafür. Aber entdecken Sie nun auch das Mittel, Lottchen so weit zu bringen, daß sie sich nicht mit dem untreuen Siegmund verbindet.

Der Magister. Darauf will ich denken. Lottchen ist zu leichtgläubig gewesen. Aber sie kann bei dieser Gelegenheit lernen, wieviel man Ursache hat, ein Mißtrauen in das menschliche Herz zu setzen, wenn Man es genau kennt und die Erzeugung der Begierden recht ausstudiert hat. Wir haben so viele Vernunftlehren. Eine Willenslehre ist ebenso nötig. Ist denn der Wille kein so wesentlicher Teil der Seele als der Verstand? So wie der Verstand Grundsätze hat, die sein Wesen ausmachen: so hat der Wille gewisse Grundtriebe. Kennt man diese, so kennt man sein Wesen; und so kennt man auch die Mittel, ihn zu verbessern. Jungfer Muhme, reden Sie aufrichtig, habe ich's Ihnen nicht hundertmal gesagt, daß Siegmund nichts Gründliches in der Philosophie weiß? Dies sind die traurigen Früchte davon.

Julchen. Lieber Herr Magister, wenn Sie so viel bei der betrübten Sache empfänden als ich, Sie würden diese Frage itzt nicht an mich tun. Sie haben mich heute eine Fabel gelehrt. Und ich wollte wünschen, daß Sie an die Fabel von dem Knaben gedächten, der in das Wasser gefallen war. Anstatt daß Sie uns in der Gefahr beistehen sollen: so zeigen Sie uns den Ursprung und die Größe derselben. Nehmen Sie meine Freiheit nicht übel.

Der Magister. Ich kann Ihnen nichts übelnehmen. Zu einer Beleidigung gehört die gehörige Einsicht in die Natur der Beleidigung. Und da Ihnen diese mangelt: so sehen Ihre Reden zwar beleidigend aus; aber sie sind es nicht.

Simon. Aber, was wollen Sie denn bei der Sache tun?

Der Magister. Ich will, ehe die Versprechung vor sich geht, Lottchen und meinem Bruder kurz und gut sagen, daß ich meine Einwilligung nicht darein gebe. Alldann muß die Sache ein ander Aussehn gewinnen.

Simon. Gut, das tun Sie.

Dreizehnter Auftritt

Julchen. Simon.

Julchen. Ich will dem Herrn Magister nachgehen. Er möchte sonst gar zu große Händel anrichten. Entdecken Sie Lottchen, wenn sie kömmt, die traurige Sache zuerst. Ich will sorgen, daß Sie Siegmund in Ihrer Unterredung nicht stört und Ihnen, wenn ich glaube, daß es Zeit ist, mit meinem Bräutigame zu Hülfe kommen.

Simon. Ich will als ein redlicher Mann handeln. Und wenn ich mir auch den größten Zorn bei Ihrer Jungfer Schwester und die niederträchtigste Rache von dem Herrn Siegmund zuziehen sollte: so will ich doch lieber mich als eine gute Absicht vergessen.

Vierzehnter Auftritt

Simon. Lottchen.

Lottchen. Was ist zu Ihrem Befehle? Haben Sie etwa wegen der zehntausend Taler, die ich meiner Schwester herausgeben soll, etwas zu erinnern? Tun Sie nur einen Vorschlag. Ich bin zu allem bereit.

Simon. Mamsell, davon wollen wir ein andermal reden. Glauben Sie wohl, daß mir Ihr Glück lieb ist und daß ich ein ehrlicher Mann bin? So unhöflich diese beiden Fragen sind: so muß ich sie doch an Sie tun, weil ich sonst in der Gefahr stehe, daß Sie meinen Antrag nicht anhören werden.

Lottchen. Mein Herr, womit kann ich Ihnen dienen? Reden Sie frei. Ich sage es Ihnen, daß ich ebenden Gehorsam gegen Sie trage, den ich meinem Vater schuldig bin. Ich will Ihnen den größten Dank sagen, wenn Sie mir eine Gelegenheit geben, Ihnen meine Hochachtung durch die Tat zu beweisen. Ich bin ebensosehr von Ihrer Aufrichtigkeit überzeugt als von der Aufrichtigkeit meines Bräutigams. Kann es Ihnen nunmehr noch schwerfallen, frei mit mir zu reden?

Simon. Meine Bitte gereicht zum Nachteile Ihres Liebhabers.

Lottchen. Will Ihr Herr Mündel etwa das Rittergut gern haben, weil es so nahe an der Stadt liegt? Nun errate ich's, warum er itzt gegen den guten Siegmund etwas verdrießlich tat. Warum hat er mir's nicht gleich gesagt? Er soll es haben und nicht mehr dafür geben, als Sie selbst für gut befinden werden. Kommen Sie zur Gesellschaft. Ich habe mich wegen des boshaften Briefs, den ich vorhin erhalten, entschlossen, in Ihrer Gegenwart dem Herrn Siegmund ohne fernern Aufschub das Recht über mein Herz abzutreten und seinen Feinden zu zeigen, daß ich auf keine gemeine Art liebe.

Simon. Aber diesen boshaften Brief habe ich schreiben und auf die Post bringen helfen.

Lottchen. Ehe wollte ich glauben, daß ihn mein Vater, der mich so sehr liebt, geschrieben hätte. Sie scherzen.

Simon. Nein, Mamsell, ich bin zu einem Scherze, den mir die Ehrerbietung gegen Sie untersagt, zu ernsthaft. Erschrecken Sie nur, und hassen Sie mich. Ich wiederhole es Ihnen, Ihr Liebhaber meint es nicht aufrichtig mit Ihnen.

Lottchen. Sie wollen gewiß das Vergnügen haben, meine Treue zu versuchen und mich zu erschrecken, weil Sie wissen, daß ich nicht erschrecken kann.

Simon. Sie glauben, ich scherze? Ich will also deutlicher reden. Ihr Liebhaber ist ein Betrüger.

Lottchen (erbittert). Mein Herr, Sie treiben die Sache weit. Wissen Sie auch, daß ich für die Treue meines Liebhabers stehe und daß Sie mich in ihm beleidigen? Und wenn er auch der Untreue fähig wäre: so würde ich doch den, der mich davon überzeugte, ebensosehr hassen als den, der sie begangen. Aber ich komme gar in Zorn. Nein, mein Herr, ich kenne ja Ihre Großmut. Es ist nicht Ihr Ernst, so gewiß, als ich lebe.

Simon. So gewiß, als ich lebe, ist es mein Ernst. Er ist unwürdig, noch einen Augenblick von Ihnen geliebt zu werden.

Lottchen. Und ich werde ihn ewig lieben.

Simon. Sie kennen ihn nicht.

Lottchen. Besser als Sie, mein Herr.

Simon. Ihre natürliche Neigung zur Aufrichtigkeit, Ihr gutes Zutrauen macht, daß Sie ihn für aufrichtig halten; aber dadurch wird er's nicht.

Lottchen. Geben Sie mir die Waffen wider Sie nicht in die Hand. Ich habe Sie und meinen Liebhaber für aufrichtig gehalten. Ich will mich betrogen haben. Aber wen soll ich zuerst hassen? Ist Ihnen etwas an meiner Freundschaft gelegen: so schweigen Sie. Sie verändern mein ganzes Herz. Sie haben mir und meinem Hause viel Wohltaten erwiesen; aber dadurch haben Sie kein Recht erlangt, mit mir eigennützig zu handeln. Wäre es Ihrem Charakter nicht gemäßer, mich tugendhaft zu erhalten, als daß Sie mich niederträchtig machen wollen? Warum reden Sie denn nur heute so?

Simon. Weil ich's erst heute gewiß erfahren habe. Wenn Sie mir nicht glauben: so glauben Sie wenigstens Ihrer Jungfer Schwester und meinem Mündel.

Lottchen. Das ist schrecklich. Haben Sie diese auch auf Ihre Seite gezogen?

Simon. Ja, sie sind auf meiner Seite sowohl als Ihr Herr Vater. Und ehe ich zugebe, daß ein Niederträchtiger Ihr Mann wird, ehe will ich mich der größten Gefahr aussetzen. Sie sind viel zu edel, viel zu liebenswürdig für ihn.

Lottchen. Wollen Sie mir denn etwa selbst Ihr Herz anbieten? Muß er nur darum ein Betrüger sein, weil ich in Ihren Augen so liebenswürdig bin? Und Sie glauben, daß sich ein edles Herz auf diese Art gewinnen läßt? Nunmehr muß ich entweder nicht tugendhaft sein oder Sie hassen. Und bald werde ich Sie nicht mehr ansehn können.

Simon. Machen Sie mir noch so viele Vorwürfe. Die größten Beschuldigungen, die Sie wider mich ausstoßen, sind nichts als Beweise Ihres aufrichtigen Herzens. Die Meinung, in der Sie stehen, rechtfertiget sie alle. Und ich würde Sie vielleicht hassen, wenn Sie mein Anbringen gelassener angehört hätten. Genug...

Lottchen. Das ist ein neuer Kunstgriff. Mein Herr, Ihre List, wenn es eine ist, und sie ist es, sei verwünscht! Wie? Er, den ich wie mich liebe?... Sie wollen sich an seine Stelle setzen? Ist es möglich?

Simon. Dieser Vorwurf ist der bitterste; aber auch den will ich verschmerzen. Es ist wahr, daß ich Sie ungemein hochachte; aber ich habe ein sicheres Mittel, Ihnen diesen grausamen Gedanken von meiner Niederträchtigkeit zu benehmen. Ich will Ihnen versprechen, Ihr Haus nicht mehr zu betreten, solange ich lebe. Und wenn ich durch diese Entdeckung Ihre Liebe zu gewinnen suche: so strafe mich der Himmel auf das entsetzlichste. Nach diesem Schwure schäme ich mich, mehr zu reden. (Er geht ab.)

Funfzehnter Auftritt

Lottchen allein.

Gott, was ist das?... Er soll mir untreu sein?... Nimmermehr! Nein! Der Vormund sei ein Betrüger und nicht er. ... Du, redliches Herz! Du, mein Freund, um dich will man mich bringen? Warum beweist er deine Untreue nicht?

Sechzehnter Auftritt

Lottchen. Damis.

Lottchen. Kommen Sie mir zu Hülfe. Und wenn sie mein Unglück auch alle wollen: so sind doch Sie zu großmütig dazu. Was geht mit meinem Bräutigam vor? Sagen Sie mir's aufrichtig.

Damis. Er ist Ihnen untreu.

Lottchen. Auch Sie sind mein Feind geworden? Hat Sie mein Liebhaber beleidiget: so handeln Sie doch wenigstens so großmütig und sagen mir nichts von der Rache, die Sie an ihm nehmen wollen.

Damis. Mein Herz ist viel zu groß zur Rache.

Lottchen. Aber klein genug zur Undankbarkeit? Hat Ihnen mein Geliebter nicht heute den redlichsten Dienst erwiesen?

Damis. Wollte der Himmel, er hätte mir ihn nicht erwiesen: so würden Sie glücklicher, und er würde nur ein verborgner Verräter sein.

Lottchen. Betrüger! Verräter! Sind das die Namen meines Freundes, den ich zwei Jahr kenne und liebe?

Damis. Wenn ich die Aufrichtigkeit weniger liebte: so würde ich mit mehr Mäßigung vor Ihnen reden. Aber mein Eifer gibt mir für Ihren Liebhaber keinen andern Namen ein. Sie, meine Schwester, sind Ihres Herzens wegen würdig, angebetet zu werden, und eben deswegen ist der Mensch, der bei Ihrer Zärtlichkeit und bei den sichtbarsten Beweisen der aufrichtigsten Liebe sich noch die Untreue kann einfallen lassen, eine abscheuliche Seele.

Lottchen. Eine abscheuliche Seele? Wohlan; nun fordere ich Beweise. (Heftiger.) Doch weder Ihr Vormund noch Sie, noch meine Schwester, noch mein Vater selbst werden ihm meine Liebe entziehn können. Und ich nehme keinen Beweis an als sein eigen Geständnis. Ich bin so sehr von seiner Tugend überzeugt, daß ich weiß, daß er auch den Gedanken der Untreue nicht in sich würde haben aufsteigen lassen, ohne mir ihn selbst zu entdecken. Und ich würde ihn wegen seiner gewissenhaften Zärtlichkeit nur desto mehr lieben, wenn ich ihn anders mehr lieben könnte.

Damis. Ich sage es Ihnen, wenn Sie mir nicht trauen: so gebe ich Ihnen das Herz meiner Braut wieder zurück. Ihnen bin ich's schuldig; aber ich mag nicht die größte Wohltat von Ihnen genießen und zugleich Ihr Unglück sehn.

Lottchen. Sie müssen mich für sehr wankelmütig halten, wenn Sie glauben, daß ich durch bloße Beschuldigungen mich in der Liebe irren lasse. Haben Sie oder ich mehr Gelegenheit gehabt, das Herz meines Bräutigams zu kennen? Wenn Sie recht haben, warum werfen Sie ihm seine Untreue abwesend vor? Rufen Sie ihn hieher. Alsdann sagen Sie mir seine Verbrechen. Er ist edler gesinnet als wir alle. Und ich will ihn nun lieben.

Damis. Sie haben recht. Ich will ihn selbst suchen.

Siebenzehnter Auftritt

Lottchen. Julchen.

Lottchen. Er geht? Er untersteht sich, ihn zu rufen? Nun fängt mein Herz an zu zittern. (Sie sieht Julchen. Kläglich.) Meine Schwester, bist du auch da? Hast du mich noch lieb? (Lottchen umarmt sie.) Willst du mir die traurigste Nachricht bringen? O nein! Warum schweigst du? Warum kömmt er nicht selbst?

Julchen. Ich bitte dich, höre auf, einen Menschen zu lieben, der...

Lottchen. Er soll schuldig sein; aber muß er gleich meiner Liebe unwürdig sein? Nein, meine liebe Schwester. Ach nein, er ist gewiß zu entschuldigen. Willst du ihn nicht verteidigen? Vergißt du schon, was er heute zu deiner Ruhe beigetragen hat? Warum sollte er mir untreu sein, da ich Vermögen habe? Warum ward er's nicht, da ich noch keines hatte?

Julchen. Er ward es zu der Zeit, da er in den Gedanken stund, daß ich die Erbin des Testaments wäre. Ach, liebe Schwester, wie glücklich wollte ich sein, wenn ich dich nicht hintergangen sähe!

Lottchen. So ist es gewiß? (Hart.) Nein! sage ich.

Julchen. Ich habe lange mit mir gestritten. Ich habe ihn in meinem Herzen, vor meinem Bräutigam, vor seinem Vormunde und vor unserm Vater entschuldiget. Ich würde sie aus Liebe zu dir noch alle für betrogne Zeugen halten. Aber es ist nicht mehr möglich. Er selbst hat sich hier an dieser Stelle angeklagt, als du ihn nach dem empfangenen Briefe verlassen hattest. Er war allein. Die Unruhe und sein Verbrechen redten aus ihm. Er hörte mich nicht kommen. O hätt' er doch ewig geschwiegen!... Ach, meine Schwester!

Lottchen. Meine Schwester, was sagst du mir? Er hat sich selbst angeklagt? Er ist untreu? Aber wie könnte ich ihn noch lieben, wenn er's wäre? Nein, ich liebe ihn, und er liebt mich gewiß. Ich habe ihm ja die größten Beweise der aufrichtigsten Neigung gegeben... (Zornig.) Aber was quält ihr mich mit dem entsetzlichsten Verdachte? Was hat er denn getan? Nichts hat er getan.

Julchen. Er hat mich auf eine betrügerische Art der Liebe zu meinem Bräutigam entreißen und sich an seine Stelle setzen wollen. Er hat meinen Vater überreden wollen, als ob ich ihn selbst liebte und als wenn du hingegen den Herrn Damis liebtest. Er hat ihm geraten, die Verlobung noch acht Tage aufzuschieben. Er hat sogar um mich bei ihm angehalten.

Lottchen. Wie? Hat er nicht noch vor wenig Augenblicken mich um mein Herz gebeten? Ihr haßt ihn und mich.

Julchen. Ja, da er gesehen, daß das Testament zu deinem Vorteile eingerichtet ist.

Lottchen. Also richtet sich sein Herz nach dem Testamente und nicht nach meiner Liebe? Ich Betrogene! Doch es ist unbillig, ihn zu verdammen. Ich muß ihn selbst hören. Auch die edelsten Herzen sind nicht von Fehlern frei, die sie doch bald bereuen. (Kläglich.) Liebste Schwester, verdient er keine Vergebung? Mach ihn doch unschuldig. Ich will ihn nicht besitzen. Ich will ihn zu meiner Qual meiden. Ich will ihm die ganze Erbschaft überlassen, wenn ich nur die Zufriedenheit habe, daß er ein redliches Herz hat. O Liebe! ist das der Lohn für die Treue?

Achtzehnter Auftritt

Die Vorigen. Siegmund.

Siegmund. Soll ich nunmehr so glücklich sein, Ihr Ja zu erhalten? Der Herr Vater hat mir seine Einwilligung gegeben. Sie lieben mich doch, großmütige Schöne?

Lottchen. Und Sie lieben mich doch auch?

Siegmund. Sie kennen mein Herz seit etlichen Jahren, und Sie wissen gewiß, daß mein größter und liebster Wunsch durch Ihre Liebe erfüllt worden ist.

Lottchen. Aber... meine Schwester... Warum erschrecken Sie?

Siegmund. Ich erschrecke, daß Sie sich nicht besinnen, daß Sie mir diese List selbst zugemutet haben. Sollte ich nicht durch eine verstellte Liebe Julchens Herz versuchen? Reden Sie, Mamsell Julchen, entschuldigen Sie mich.

Julchen. Mein Herr, entschuldigen kann ich Sie nicht. Bedenken Sie, was Sie zu mir und zu meinem Vater und vor kurzem hier in dieser Stube zu sich selbst gesagt haben, ohne daß Sie mich sahn. Alles, was ich tun kann, ist, daß ich meine liebe Schwester bitte, Ihnen Ihre Untreue zu vergeben.

Siegmund. Ich soll untreu sein?... Ich (Er gerät in Unordnung.) Ich soll der aufrichtigsten Seele untreu sein? Wer? Ich? Gegen Ihren Herrn Vater soll ich etwas gesprochen haben? Was sind das für schreckliche Geheimnisse?... Sie sehn mich ängstlich an, meine Schöne? Wie? Sie lieben mich nicht? Sie lassen sich durch meine Widerlegungen nicht bewegen?... Sie hören meine Gründe nicht an?... Bin ich nicht unschuldig?... Wer sind meine Feinde?... Ich berufe mich auf mein Herz, auf die Liebe, auf den Himmel. ... Doch auch mich zu entschuldigen könnte ein Zeichen des Verdachtes sein. ... Nein, meine Schöne, Sie müssen mir ohne Schwüre glauben. Ich will Sie, ich will meine Ruhe, mein Leben verlieren, wenn ich Ihnen untreu gewesen bin. Wollen Sie mir noch nicht glauben?

Julchen. Herr Siegmund, Sie schwören?

Lottchen (mit Tränen). Er ist wohl unschuldig.

Siegmund. Ja, das bin ich. Ich liebe Sie. Ich bete Sie an und suche meine Wohlfahrt in Ihrer Zufriedenheit. Wollen Sie jene vergrößern: so stellen Sie diese wieder her, und lassen Sie den Verdacht fahren, den ich in der Welt niemanden vergeben kann als Ihnen. Soll ich das Glück noch erlangen, Sie als die Meinige zu besitzen?

Lottchen (sie sieht ihn kläglich an). Mich?... als die Ihrige?...
Ja!

Julchen. Meine Schwester!

Lottchen. Schweig. Herr Siegmund, ich möchte nur noch ein Wort mit meinem Papa sprechen, alsdann wollen wir unsere Feinde beschämen.

Siegmund. Ich will ihn gleich suchen. Soll ich die übrige Gesellschaft auch mitbringen? Wir müssen doch die gebräuchlichen Zeremonien mit beobachten.

Lottchen. Ja. Ich will nur einige Worte mit dem Papa sprechen. Alsdann bitte ich Sie nebst den andern Herren nachzukommen.

Neunzehnter Auftritt

Julchen. Lottchen. Cleon.

Cleon. Nun, meine Kinder, wenn euch nichts weiter aufhält: so sähe ich's gern, wenn ihr die Ringe wechseltet, damit wir uns alsdann Paar und Paar zu Tische setzen können. Ei, Lottchen, wer hätte heute früh gedacht, daß du auf den Abend mit einem Rittergute zu Bette gehen würdest! Der Himmel hat es wohl gemacht. Julchen kriegt einen reichen und wackern Mann, weil sie wenig hat. Und du, weil du viel hast, machst einen armen Mann glücklich. Das ist schön. Dein Siegmund wird schon erkenntlich für deine Treue sein. Er kann einem durch seine Worte recht das Herz aus dem Leibe reden. Der ehrliche Mann! Wievielmal hat er mir nicht die Hand geküßt! Wie kindlich hat er mich nicht um meine Einwilligung gebeten!

Lottchen. Das ist vortrefflich. Nun lebe ich wieder. Lieber Papa, hat Herr Siegmund denn heute bei Ihnen um meine Schwester angehalten? Das kann ich nicht glauben.

Cleon. So halb und halb hat er's wohl getan. Er mochte etwan denken, daß Herr Damis ein Auge auf dich geworfen hätte und daß dir's lieber sein würde, einen Mann mit vielem Gelde zu nehmen. Ich war anfangs etwas unwillig auf ihn; aber er hat mich schon wieder gutgemacht. Man kann sich ja wohl übereilen, wenn man nur wieder zu sich selber kömmt. Da kommen sie alle.

Zwanzigster Auftritt

Die Vorigen, Siegmund. Simon. Damis. Der Magister.

Cleon. Endlich erlebe ich die Freude, die ich mir lange gewünscht habe. Ich will Sie, meine Herren, mit keiner weitläuftigen Rede aufhalten. Die Absicht unserer Zusammenkunft ist Ihnen allerseits bekannt. Kurz, meine lieben Töchter, ich erteile euch meinen väterlichen Segen und meine Einwilligung. (Er sieht Lottchen weinen.) Weine nicht, Lottchen, du machst mich sonst auch weichmütig.

Lottchen. Meine Tränen sind Tränen der Liebe. Ich habe also Ihre Einwilligung zu meiner Wahl? Ich danke Ihnen recht kindlich dafür.

Simon (zu Lottchen). Aber, meine liebe Mamsell, Sie wollen... Wie?

Damis. Ach, liebste Jungfer Schwester, ich bitte Sie...

Lottchen. Was bitten Sie? Wollen Sie Julchen von meinen Händen empfangen? (Sie führt sie zu ihm.) Hier ist sie. Ich stifte die glücklichste Liebe. Und Sie, Herr Siegmund...

Siegmund. Ich nehme Ihr Herz mit der vollkommensten Erkenntlichkeit an und biete Ihnen diese Hand...

Lottchen. Unwürdiger! Mein Vermögen kann ich Ihnen schenken; aber nicht mein Herz. Bitten Sie meinem Vater und der übrigen Gesellschaft, die Sie in mir beleidiget haben, Ihre begangene Niederträchtigkeit ab. Ich habe sie Ihnen schon vergeben, ohne mich zu bekümmern, ob Sie diese Vergebung verdienen. (Zum Vormunde.) Und Ihnen, mein Herr, küsse ich die Hand für Ihre Aufrichtigkeit. Wenn ich jemals mich wieder zur Liebe entschließe: so haben Sie das erste Recht auf mein Herz. (Zu Siegmunden.) Sie aber werden so billig sein und, ohne sich zu verantworten, uns verlassen.

Siegmund. Recht gern. (Indem er geht.) Verflucht ist die Liebe!

Damis. Nicht die Liebe, nur die Untreue. Dies ist ihr Lohn.

Lottchen (sie ruft ihm noch nach). Sie werden morgen durch meine Veranstaltung so viel Geld erhalten, daß Sie künftig weniger Ursache haben, ein redliches Herz zu hintergehn.

Cleon. Lottchen, was machst du? Ich bin alles zufrieden. Du hast ja mehr Einsicht als ich.

Julchen. O liebe Schwester, wie groß ist dein Herz! Gott weiß es, daß ich keine Schuld an seinem Verbrechen habe. O wenn ich dich doch so glücklich sähe als mich!

Der Magister. Ich bin ruhig, daß ich das Laster durch mich entdeckt und durch sich selbst bestraft sehe. So geht es. Wenn man nicht strenge gegen sich selbst ist: so rächen sich unsere Ausschweifungen für die Nachsicht, die wir mit unsern Fehlern haben.

Simon (zu Lottchen). Ich, meine Freundin, würde das Recht, das Sie mir künftig auf Ihr Herz erteilet haben, heute noch behaupten, wenn ich Ihnen nicht schon das Wort gegeben hätte, an dieses Glück niemals zu denken. Ich bin belohnt genug, daß Sie mich Ihrer nicht für unwürdig halten und daß der Untreue bestraft ist.

Lottchen. O Himmel! laß es dem Betrüger nicht übelgehen. Wie redlich habe ich ihn geliebt, und wie unglücklich bin ich durch die Liebe geworden! Doch nicht die Liebe, die Torheit des Liebhabers hat mich unglücklich gemacht. Bedauern Sie mich.

(Ende des dritten und letzten Aufzugs.)